KB052210

선진국
경제의 품격

인문·사회적 가치에서 찾은 경제 혁신의 길

선진국 경제의 품격

김준영 지음

E c o n o m y   D i g n i t y

**"팬데믹 이후 한국,
선진국 경제로 어떻게 나아가야 하는가?"**
거시재정학 전문가 김준영이 제언하는 대한민국의 미래

21세기북스

선진국 경제의 품격, 가치로 채우자

이 책은 성찰과 희망 양쪽에서 한국의 선진국 경제를 진단했다. 역사의 진화는 성찰에서 교훈을 얻고 희망은 미래를 준다는 지혜를 실증해주고 있다. **한국은 산업화, 민주화, 디지털화, K-문화를 이루어오면서 21세기 초 국가의 위상과 자부심이 급상승했다.**

최근 한국은 자유, 민주주의, 인권, 법치에 바탕을 둔 인류 보편적 가치를 존중하고 실천해가는 글로벌 중추국가(GPS)로서 G7, NATO 국가들과 경제안보의 전략적 협력국가로 위상을 높이고 있다.

성찰은 국가적으로 대외적 위상이 높아지고 있는 반면, 한국 경제·사회가 내적으로는 유례없는 **구조적 도전**에 직면해 있다는 데서 비롯된다. 저출생·고령화와 청년실업으로 생산인력자원이 줄어들며 저성장 덫에 걸려 성장엔진이 식고, 정치·경제·사회적 양극화가 심화되고 있다. 경제·사회 발전과 통합의 촉매제 역할을 해야 할 정치가 사회갈등과 분열을 증폭시키며 포퓰리즘을 내걸고 자유주의와 민주주의, 그리고 사회의 질을 후퇴시키고 있다. 정치권이 민주주의가 지향해야 할 가치를 공유하지 못하고, 정치·사회적 이슈를 정쟁화하며 오히려 사회적 불신과 불안, 시민사회의 균열을 격화시키고 있다. 작금의 우리 상황을 들여다보면 충돌하고 공격하는 대립각은 격해지고 있는데 공존과 공감의 생태는 너무 협소하다. 게다가 치열해지는 경쟁과 빠른 속도의 변화 속에서 각자도생하는 개별주의가 만연한 가운데 개인의 집합으로서 공동체가 품어야 할 공익, 공동선의 가치는 밀려나고 있다.

또 다른 성찰은 과거지향이 아니라 미래지향적인 측면에서 이 책을 집필하게 된 동기와도 연관된다. 한국 경제를 이끌었던 추격경제에서 선진국 경제로 궤도를 진입하는 데 경제적인 발사대를 떠받칠 인문·사회적 기반을 넓히는 새로운 전략이 필요하다. 즉 **선진국 경제는 경제적 가치뿐만 아니라 인문정신과 사회적인 도덕 기반이 든든히 받쳐줘야 한다**는 것이다. 나무는 뿌리에 생명이 있다. **경제적인 측면만의 1차원적인 도메인에서 설계될 수 없는 경지가**

선진국 경제이다. 경제에 인문·사회적 가치를 채워야 할 것이다. 이런 점에서 이 책에서 펼치게 될 선진국 경제의 서사가 그동안 경시되어왔던 인문·사회적 가치와 지혜를 경제에 접목하여 품격 있는 경제적 번영을 열어가길 갈망한다.

이제 **희망**을 제시한다. 대한민국의 인적자본과 과학기술, 산업기반과 K-문화를 기반으로 향후 실현될 한국 선진국 경제가 인류문명 진보에 큰 기여를 할 것이라는 **미래지향적인 기대와 잠재력**이다. 지금은 기술이 주도하는 시대, 경제도 중심에 기술경제가 자리잡고 있다. 기술경제의 시대, 경제가 경계를 넘어야 선진국 경제가 보일 것이다. 한국의 인재·기술 잠재력과 산업·문화 기반이 선진국 경제 생태계와 휴머니즘을 지향하도록 경제가 인문·사회적 가치를 호흡해야 할 것이다.

선진국 경제의 희망봉에 올라가기 위해서는 기초체력도 있어야 하지만, **각자도생과 개별화로 치닫는 사회상에서 도덕적 이타성의 기본으로서 도덕감정을 바탕으로 하는 사회적 공감, 소프트파워로서 정신근육과 가치관, 그리고 기술혁신과 휴머니즘이 공존하는 경제적 품격을 내장하는 발상의 대전환을 하지 않으면 안 된다.**

이런 점에서 이 책은 성찰과 희망을 탐구할 **선진국 경제 전략**을

'선진국으로서 견지해야 할 보편적 가치', '선진국의 두터운 경제로서 지키고 다져야 할 소프트파워', '21세기에 짚어보는 자본주의 윤리와 정신의 회복', '한국이 선진국 경제로 지향해야 할 가치관', 그리고 '휴머니즘을 바탕으로 하는 품격 있는 기술경제', 다섯 주제에 집중할 것이다.

제1부에서는 선진국의 길에서 두터운 경제까지 우리가 **선진국 경제로서 지켜야 할 핵심적 가치와 소프트웨어**를 조명할 것이다. 필자가 찾고 싶었던 것이 있었다. 과연 선진국 경제가 견지하고 있는 핵심가치와 선진국의 두터운 경제로서 보유하고 있는 소프트웨어는 무엇인가? 답은 선진국 경제의 핵심가치와 소프트웨어가 경제를 넘어 휴머니즘과 사회적 가치에 깊은 뿌리를 두고 있다는 점이었다. **그 핵심가치와 소프트웨어에는 소득과 부를 기초로 하는 물적인 경제적 가치와 함께 인간존엄과 인간애를 존중하는 인문·사회적 가치를 내장하고 있었다.**

선진국의 길로서 핵심가치는 휴머니즘과 계몽주의에서 시작된 자유주의 사상이 정치적 자유주의와 경제적 자유주의를 거치면서 확장된 **자유와 민주주의, 그리고 시장경제**로 수렴된다. 이들 핵심적 가치가 1차 산업혁명 이후 자본주의의 기반이 되었고, 자유, 민주주의, 시장경제를 유지하며 발전시킨 사회가 선진국 경제의 길을 열었다는 것이다. 이런 점에서 자유, 민주주의, 시장경제는 성공한 선진국들의 공유가치다. 제2차 세계대전 이후 정치·사회적으로 자유와 민주주의를 위협하고 후퇴시켰거나, 경제적으로 시장경제를 제약하는 규제를 남발하면서 이들 핵심가치를 견지하지 못한 국가는 선진국 경제의 문턱에까지 갔지만 좌절되고 말았다.

두터운 경제로서 소프트웨어는 경제의 중심을 부나 기술, 국가나 이데올로기가 아닌 **사람에 둬야 한다**는 점을 강조하고 싶다. 경제의 중심인 사람의 실존적 가치를 휴머니즘과 도덕감정에서 추적하게 된다. **경제적 인간(homo economicus)을 넘어 사회적 인간(homo sociologicus)과 상호적 인간(homo reciprocus)으로서 가치에 주목해야 할 것이다.** 인간은 개개인으로 존엄한 존재이면서 사회적인 존재로, 대한민국 헌법 10조에는 "모든 국민은 인간으로서의 존엄과 가치를 가지며, 행복을 추구할 권리를 가진다"라고 명시되어 있다. 여기에서 제시할 선진국 경제의 소프트웨어는 개개인이 사회 구성원으로서 사회성과 상호성을 발휘하며 개인과 공동체가 상생발전하는 기반을 넓히고, 경쟁하면서 상대방과 파트너로 협력, 공존하며 자유와 사회적 공감을 확장하여 사회적 결속과 연대를 회복하는 데 주목했다.

제2부에서는 **선진국 경제로서 지키고 다져야 할 소프트파워**를 점검할 것이다. 그리고 한국 경제에 대한 성찰과 함께 7대 소프트파워를 제안한다. 여러 조사 결과에 의하면 도덕성을 바탕으로 절제하며 사회적으로 공감하는 지평이 넓은 공동체일수록 경제 발전과 공동체 화합도 올라간다고 한다. 미래학자 제러미 리프킨(Jeremy Rifkin) 교수는 미래에는 '**공감의 시대**'가 열리고 '**공감의 문명**'으로 전환된다고 예측했다. 우리 사회도 갈등과 분열, 양극화가 위험수위에 다다르고 있으나, 절제하며 공감하는 마음, 위로와 포용은 점점 얇아지고 있다. 우리를 바라보는 대내외 시각으로 한국 사회가 배타적이고 타협과 협력, 그리고 공감을 이뤄내는 소프트파워가 낮은 수준에 머무르고 있다는 지적은 선진국 경제에서 보완하지 않으면 안 될 소프트파워이다.

사회적 공감이 좁아지면 공존하는 공간도 축소될 것이다. **사회적 공감**을 확장하고 **공감경제의 기반**을 확충하는 소프트파워를 보강하는 데 있어서 인문정신과 사회적 가치를 접목하는 게 바람직하다. 이익을 보면 의로운지를 생각하는(見利思義) **기업가 정신**(이병철 회장, 정주영 회장), 탐구와 끊임없는 갈고닦음에서 이룩되는

(切磋琢磨) **혁신**(이건희 회장), 근본 원리를 파고들며 사물의 이치를 파헤치는(格物致知) **근성**(이병철 회장, 이건희 회장), 기본을 충실히 한 다음 색을 칠해야 한다(繪事後素)는 **창조**(이건희 회장, 박태준 회장), 먼저 큰 것을 분별해내는(先立其大) **통찰**(이병철 회장, 정주영 회장, 정세영 회장), 배우고 익히는 **열정**(學而時習)의 소프트파워를 **고전을 바탕으로 인문·사회적 가치와 연결**하였다.

    제3부에서는 21세기에 접어들어 자본주의가 고난도의 도전에 직면하고 있는 상황에서 자본주의에 대한 성찰을 기반으로 우리 사회가 나아갈 **선진국 경제의 시대적 관점에서 자본주의 비전**을 논의할 것이다. 고전적 기반으로서 **애덤 스미스**(Adam Smith)가 설파한 **자유주의와 도덕감정이 함께하는 자유자본주의**, 막스 베버(Max Weber)가 강조한 **프로테스탄티즘을 바탕으로 하는 자본주의 윤리와 정신**으로부터 성찰적 가치를 찾아본다.

    이어서 선진국 경제로서 우리 사회가 추구해야 할 **21세기 캐피털리즘의 모습**을 세 가지 측면에서 조명한다. 무엇보다 격화되고 있는 갈등과 분열을 사회통합적으로 해소해가는 능력으로서 사회통합성을 높이는 자본주의, 21세기 초연결 시대를 맞아 수평적으로 연결하며 상생협력하는 자본주의, 그리고 지속 가능한 자본주의를 위해 인간과 자연, 환경의 생명력을 회복하는 번영된 자본주의로 꼽았다.

제4부에서는 선진국 경제로서 미래 경제상으로 **한국 경제가 심화시켜가야 할 가치관**을 다룰 것이다. 그 핵심가치를 소득을 넘어 행복으로 접근하는 행복경제의 설계, 단절과 분리가 아닌 상호작용과 조화를 넓히는 포용적 협력경제로서 융화경제, 그리고 공존과 공감의 인문가치를 더해 개개인을 공동체 시민으로서 서로 공감하며 사회적 관계를 확장하는 공감경제로 풀어본다. 아리스토텔레스는 "행복은 인간이 올바른 지성과 좋은 품성을 함양하고 사회 속에서 덕성을 실천하는 과정에서 성취된다"고 보았다. 행복·융화·공감의 선진국 경제 가치에는 경제가 사람과 사물 사이의 관계에 머물지 않고, 사람과 사람 및 자연과의 관계로서 인문·사회적 가치를 반영해야 한다는 데 주안점이 있다.

21세기 기술혁신기에 기술진보가 경제의 흐름에 큰 영향을 미치는 기술경제의 생태계가 확산되고 있다. 기회와 리스크를 생성할 것이라는 기대와 우려가 교차하고 있다. 『총·균·쇠』와 『대변동』의 저자인 **재레드 다이아몬드**(Jared Diamond) 교수는 과학기술의 발전에도 인류문명의 미래를 어둡게 예측하며, 인류가 당면한 가장 중요한 문제로 '핵전쟁', '기후변화', '자원고갈', '불평등'을 지적했다. 이와 대조적으로 『지금 다시 계몽』의 저자인 심리학자 **스티븐 핑크**(Steven Pinker) 교수는 "인류는 새로운 기술개발과 기술혁신으로 문제를 해결해왔다"며 기술진보로 인한 인류의 미래를 긍정적으로 내다봤다. 과학기술의 시대, **제5부**에서는 **기술 휴머니즘 경제로서 선진국 경제**를 다져보고자 한다. 생성형 인공지능을 비롯해 기술혁신이 급속도로 진보하고 있기 때문에 인간을 어디까지 대체할 수 있을지 기술계의 미래는 예측하기 어려운 불확실성으로 빠져들고 있다. 기술에 흡수되거나 인간의 존엄이 기술에 예속되지 않기 위해서는 사고력, 판단력, 상상력, 가치 분별력 등 인간 고유의 인지능력이 증강되어야 한다. 이런 점에서 기술 휴머니즘 경제는 기술혁명의 파도 속에 파묻히거나 뒷전에 밀려 있는 휴머니즘의 가치를 기술과 결합시켜 **기술혁신과 휴머니즘이 공존하는 선진국 경제**의 모습을 관찰했다.

기술 휴머니즘 경제의 스페이스는 협력적인 상호관계와 네트워크 사고를 창조적으로 이끌어내는 네트워크 경제, 기술진보가 인문·자연 생태계의 생명 회복을 위해 휴머니즘을 기반으로 해야 한다는 인문·생명 회복 기술경제, 그리고 문화사회적인 가치를 혁신적인 기술에 반영해야 한다는 문화사회 경제로 구성된다. 가치관이 혼동 속으로 빠지고 갈등이 심화되는 상황에서 휴머니즘과 문화·예술은 인간과 공동체를 위로하고 포용하는 정신적 가치를 불어넣고 창의적인 환경을 조성할 것이다. 최근 한국은 국제적으로 **문화 소프트웨어 선진국**으로 부상하였다. K-문화가 기술혁신에 내장된다면 기술강국의 휴머니즘 경제로서 품격을 높이게 될 것이다.

이 책이 내건 선진국 경제는 도전적 희망이다. 풍성한 나무는 뿌리에서 나온다. **경제에 인문·사회적 가치를 채워야 한다.** 한국이 선진국 경제로서 견지해야 할 핵심가치와 도덕적 이타성을 촉진할 인문·사회적 가치를 바탕으로 하는 소프트파워, 자본주의 윤리와 정신의 회복과 선진국 경제로서 가치 설정, 그리고 기술혁명에 휴머니즘의 가치를 결합시키는 기술 휴머니즘 경제를 확장하여 한국이 선진국 경제로 중생(重生)하기를 갈망하며, 이 책이 선진국 경제 성취의 본(本)이 되기를 바란다. 선진국 경제의 품격을 발간해주신 21세기북스 김영곤 사장님과 인생명강팀의 윤서진 팀장님, 심세미 편집자님께 깊은 감사를 드린다. 그리고 원고를 쓰는 동안 격려를 보내준 가족분들께 감사를 드린다.

2023년 11월 김준영

제 2 부　　지키고 다져야 할 한국 경제 소프트파워

선진국의 길, 핵심가치

휴머니즘이 추구하는 인간 존엄과 행복을 바탕으로 하는 자유,

민주주의, 시장경제의 동반발전

두터운 경제, 소프트웨어

휴머니즘 가치, 도덕감정과 개인·공동체 상생발전,

경쟁과 협력이 공존하는 시장경제,

그리고 자유, 공감, 결속의 시너지

제1부

선진국의 길,
두터운 경제

Economy Dignity

제1부에서는 선진국의 길에서 두터운 경제까지 우리가 선진국 경제로서 지켜야 할 핵심적 가치와 소프트웨어를 조명할 것이다. 필자가 찾고 싶었던 것이 있었다. 과연 선진국 경제가 견지하고 있는 핵심가치와 선진국의 두터운 경제로서 보유하고 있는 소프트웨어는 무엇인가? 답은 선진국 경제의 핵심가치와 소프트웨어가 경제를 넘어 휴머니즘과 사회적 가치에 깊은 뿌리를 두고 있다는 점이었다. 그 핵심가치와 소프트웨어에는 소득과 부를 기초로 하는 물적인 경제적 가치와 함께 인간존엄과 인간애를 존중하는 인문·사회적 가치를 내장하고 있었다.

선진국의 길로서 핵심가치는 휴머니즘과 계몽주의에서 시작된 자유주의 사상이 정치적 자유주의와 경제적 자유주의를 거치면서 확장된 자유와 민주주의, 그리고 시장경제로 수렴된다. 이들 핵심적 가치가 1차 산업혁명 이후 자본주의의 기반이 되었고, 자유, 민주주의, 시장경제를 유지하며 발전시킨 사회가 선진국 경제의 길을 열었다는 것이다. 이런 점에서 자유, 민주주의, 시장경제는 성공한 선진국들의 공유가치다.

두터운 경제로서 소프트웨어는 경제의 중심을 부나 기술, 국가나 이데올로기가 아닌 사람에 둬야 한다는 점을 강조하고 싶다. 경제의 중심인 사람의 실존적 가치를 휴머니즘과 도덕감정에서 추적하게 된다. 경제적 인간(homo economicus)을 넘어 사회적 인간(homo sociologicus)과 상호적 인간(homo reciprocus)으로서 가치에 주목해야 할 것이다. 여기에서 제시할 선진국 경제의 소프트웨어는 개개인이 사회 구성원으로서 사회성과 상호성을 발휘하며 개인과 공동체가 상생발전하는 기반을 넓히고, 경쟁하면서 상대방과 파트너로 협력, 공존하며 자유와 사회적 공감을 확장하여 사회적 결속과 연대를 회복하는 데 주목했다.

21세기 초 세기 대전환의 격동기를 통과하면서 한국의 국가 위상은 국제무대에서 급부상했다. 국가적 자부심도 크게 올랐다. 국제사회에서 한국은 인재강국으로서 첨단기술과 문화 소프트파워를 보유한 국가로 인정받고 있다. 코로나 팬데믹 상황을 겪으면서 한국은 재편되고 있는 국제 공급망의 주요 파트너로 참여하고 있는 가운데 국가경제 규모 면에서 세계 10대 경제대국에 올랐다.

최근 한국은 자유, 민주주의, 인권, 법치에 바탕을 둔 인류 보편적 가치를 존중하고 실천해가는 글로벌 중추국가(GPS)로서 G7, NATO 국가들과 경제안보의 전략적 협력국가로 위상을 높이고 있다.

한편 국가적으로 대외적 위상이 높아지고 있는 반면, 한국 경제·사회가 내적으로는 유례없는 **구조적 도전**에 직면해 있는 것도 사실이다. 저출생·고령화와 청년실업으로 생산인력자원이 줄어들며 저성장 덫에 걸려 성장엔진이 식고, 정치·경제·사회적 양극화가 심화되고 있다. 경제·사회 발전과 통합의 촉매제 역할을 해야 할 정치가 사회갈등과 분열을 증폭시키며 포퓰리즘을 내걸고 민주주의와 사회의 질을 후퇴시키고 있다. 정치권이 민주주의가 지향해야 할 가치를 공유하지 못하고, 정치·사회적 이슈를 정쟁화하며 오히려 사회적 불신과 불안을 심화시키고 있다. 작금의 우리 상황을 들여다보면 충돌하고 공격하는 대립각은 격해지고 있는데 공존과 공감의 생태는 너무 협소하다. 게다가 치열해지는 경쟁과 빠른 속도의 변화 속에서 각자도생하는 개별주의가 만연한 가운데 개인의 집합으로서 공동체가 담아야 할 공익, 공동선의 가치는 밀려나고 있다.

21세기 들어 이미 두 번의 경제위기를 겪었다. 2008년의 세계적인 금융위기와 2020년대 초반부터 3여 년 동안 코로나 팬데믹으로 인한 경제침체를 맞으면서 경제위기의 사이클이 단축되고 있다. 한국 경제도 격상된 국제적 위상과 대내적으로 직면하고 있는 구조적 도전 사이에서 전략적인 변곡점을 찾지 않으면 안 될 시기에 처해

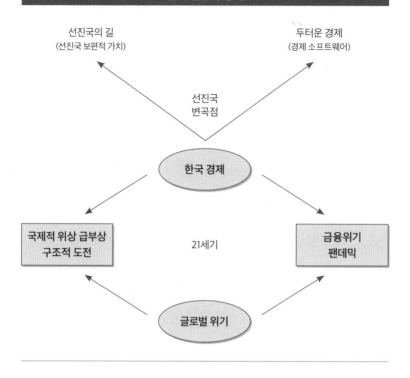

있다. 그동안 이뤄온 산업화와 민주화, 디지털화와 K-문화를 토대로 한국 경제가 직면하고 있는 거센 도전에 새로운 규범과 기회를 열어가야 한다는 판단에서 전략적 변곡점의 타깃을 번영된 미래를 구현할 선진국 경제에 두었다. 선진국 경제의 희망봉에 올라가기 위해서는 기본 체력도 있어야 하지만, 도덕감정을 바탕으로 하는 사회적 공감, 소프트파워로서 정신근육과 가치관, 그리고 기술혁신과

휴머니즘이 공존하는 경제적 품격을 내장하는 발상의 대전환을 하지 않으면 안 된다.

이런 까닭에 필자는 **한국의 선진국 경제 전략**을 ① 선진국으로서 견지해야 할 핵심가치(선진국의 길)가 무엇이고, 선진국 경제로서 어떤 경제 소프트웨어(두터운 경제)를 다져야 하며, ② 한국 경제가 주목해야 할 소프트파워를 경제·인문·사회적 관점에서 재점검할 것이다. 그리고 ③ 분열과 갈등에 휩싸인 21세기를 맞아 흔들리고 있는 자본주의 윤리와 정신의 회복을 어디에서 찾아야 할 것인지? 나아가 ④ 선진국 경제로서 추구해야 할 경제 가치관을 어디에 둘 것인가? 끝으로 ⑤ 21세기 기술혁신기에 소외되고 있는 인문정신을 되살릴 휴머니즘을 바탕으로 하는 품격 있는 기술경제 발전을 집중적으로 진단할 것이다.

선진국의 길, 핵심가치를 지켜야 한다

휴머니즘과 계몽주의를 기반으로 시작된 자유주의가 18세기 시민혁명과 미국 독립을 거쳐 정치적 자유주의와 경제적 자유주의로 확산되면서 자유, 민주주의, 인권, 정의는 인류 보편적 가치로서 존중되어왔다. 유럽과 미국 등 선진국을 중심으로 이들 보편적 가치는 정치·경제·사회를 지탱하는 법과 제도로 체계화되었고, 선진국 사회 발전을 이끈 원동력이 되었다.

선진국들은 이들 보편적 가치를 지키면서 경제적으로도 선진국으로 올라섰다. 과연 진정한 선진국 경제로 중흥(中興)하기 위해 한국 경제의 미래를 어떻게 재고해야 하는가? 선진국 경제의 길은 경제(經濟)의 본질로부터 접근해야 할 것이다. **경제의 본질**은 '인류의 보편적 가치를 바탕으로 세상을 잘 보살펴 백성을 구한다'는 **경세제민**(經世濟民)에 있다. 세상을 잘 보살피기 위해서는 사람을 중심에 두는 휴머니즘에 기반을 둬야 하고, 백성을 구하는 경지에 이르기 위해서는 인류 보편적 가치를 지키며 조화와 공존, 경쟁과 협력을 기반으로 수준 높은 경제 발전이 뒷받침되어야 한다. 경제 발전의 양과 질에도 차이가 있다. **수준 높은 경제 발전이란 궁극적으로 인간의 존엄과 행복을 추구하는 휴머니즘을 바탕으로 경세제민을 구현하는 데 있다.**

경제는 자발적이고 내생적으로 발전하는 유기적 체계이다. 유기체로서 경제는 자유롭게 상호작용하며 조정되는 순환회로로 작동

한다. 선진국들의 경험에서 볼 때 경제의 자발적인 내생적 발전이 지속되기 위해서는 자유와 민주주의를 바탕으로 시장에서 경제활동이 경쟁과 협력을 통해 공정한 선순환이 뒷받침되어야 한다. 선진국 경제권에 도달한 국가들의 공통점은 휴머니즘이 추구하는 인간의 존엄과 행복을 추구하기 위해 **자유민주주의와 공정한 시장경제의 동반발전**이라는 정치·경제적 가치를 선진국의 길로서 공유하고 있다는 점이다. 이런 점에서 자유민주주의와 시장경제는 목표지향적인 성장의 시대에서 가치지향적인 번영의 시대를 구현할 선진국 경제의 핵심가치다.

두터운 경제, 소프트웨어를 다져야 경제적 번영이 사회 발전을 이룬다

다음으로 **선진국 경제로서 도덕적 이타성을 넓힐 소프트웨어를 다져야 한다.** 경제적 번영이 사회적 화합과 융화로 파급되기 위해서는 경제적 가치에 인문·사회적 가치를 접목하는 소프트웨어가 필요하다. 그것은 도덕적 기반과 상생발전, 개인과 공동체, 경쟁과 협력이 공존하는 소프트웨어이다. 이미 역사적 교훈은 말해주고 있다. 소프트웨어가 유실되면서 경제도 추락했던 라틴아메리카, 남미, 남유럽, 동구권 국가들의 사례를 보아왔다.

선진국 경제는 우리 모두가 함께 집적해야 할 가치관이다. 그것은 선진국으로서 보편적 가치를 확장하고 견지하는 선진국의 길과 선진국의 경제 소프트웨어로서 두터운 경제의 기반을 넓히는 데 있다. 선진국 경제로서 지켜야 할 핵심가치가 흔들리고 소프트웨어가 척박한 토양에서는 경제 발전이 사회 발전으로 이어지기 어렵게 될 것이다. **경제적인 풍요 속에 역설적으로 인문·사회적 가치 빈곤의 디스토피아로 번지면 분열과 분노, 기존에 없던 사회 범죄와 부정부패가 심해지게 된다.** 경제가 경계를 넘어 인문·사회적 가치를 호흡해야 한다.

제1장

◆

선진국의 길, 보편적 가치

자유를 바탕으로 인간의 존엄성을 추구하는 서구의 휴머니즘과 계몽주의, 그리고 사람을 사랑하는 어진 마음을 베풀며 정의로운 행동기준으로서 인의사상을 바탕으로 하는 동양의 인문주의는 궁극적으로 인간다움과 행복을 추구하는 인간애 사상이다. 휴머니즘과 계몽사상은 자유주의의 기반으로서 18세기에 들어와 시민혁명을 거치면서 정치적 자유주의와 경제적 자유주의로 발전해왔다.

그 후 정치적 자유주의는 자유민주주의를, 경제적 자유주의는 자본주의 시장경제를 촉진시키면서 지난 3세기 동안 자유, 민주주의, 시장경제는 선진국 발전의 정치·경제·사회적 기반이 되었다. **자**

유는 창의와 번영의 원천으로서, **시장경제**는 경제활동의 민주적 메커니즘으로서, **민주주의**는 견제와 균형을 통한 정의와 공정의 가드레일로서 선진국의 길을 열어왔다.

그러나 21세기를 맞아 양극화가 심화되고, 공동체 구성원으로서 책임감과 절제를 잃은 탐욕, 사회적 갈등과 분열, 포퓰리즘 등 반지성주의가 확산되면서 우리 사회에 자유주의가 공격받고 있는 가운데 **자유민주주의와 시장경제의 가치가 위협받고 있다.** 한국 경

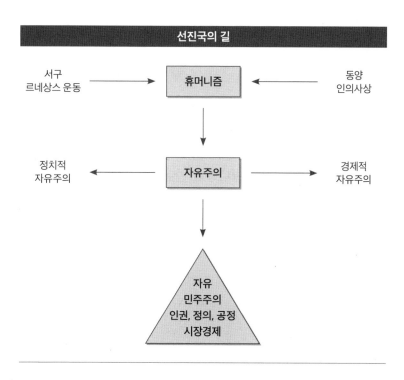

제가 다져야 할 선진국의 길은 어디로 향해야 하는가? 그것은 인류 보편적 가치의 기반인 휴머니즘과 자유주의, 그리고 선진국 경제의 기반으로서 자유, 민주주의, 시장경제를 증진시키는 데 있다.

1. 휴머니즘

(1) 서구 휴머니즘

자유주의의 기반이 되었던 휴머니즘(humanism, 인문주의)은 중세를 허물고 근대 문명을 연 지적 변곡점이 되었다. 인간성(라틴어 후마니타스)을 존중하는 르네상스기에 등장한 그리스, 로마의 고전인 '후마니오라', '후마니오르'(인간다움)라는 용어가 휴머니즘의 어원이 되었다고 전해진다.[1] **휴머니즘은 자유로운 존재로서 인간의 존엄**(자유, 인권, 생명, 건강, 사랑 등)**과 행복을 추구하며 실천해가는 인간애 사상을 말한다.** 휴머니즘을 신본주의의 대척점에 선 인본주의로 해석한다거나 무신론적 인본주의로 인식하는 견해도 있지만, 휴머니즘은 자유를 바탕으로 인간애를 구현하는 인류 보편적인 가치로서의 인문주의로 받아들임이 적절할 것이다. 인간의 자유와 존

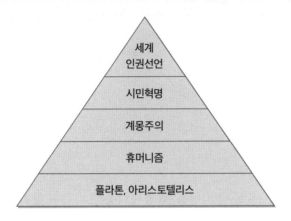

서구 휴머니즘
세계 인권선언
시민혁명
계몽주의
휴머니즘
플라톤, 아리스토텔리스

엄을 토대로 한 휴머니즘은 권위주의, 전체주의, 포퓰리즘, 파시즘을 부정한다.

역사적으로 르네상스 이전부터 휴머니즘의 전통에는 두 부류의 사상이 함께해왔다. 휴머니즘을 개개인을 대상으로 하는 관념적인 플라톤식 접근과 휴머니즘을 사회 속에서 실천하는 아리스토텔레스식 접근으로 구분할 수 있다.

전자는 행복을 개인의 이성과 용기, 절제가 조화와 공존을 이루는 데서 오는 성찰적인 결과로 받아들였다. "개개인의 행복이 다른 구성원들과 조화를 이루고 공존할 때 행복한 사회가 될 수 있다." 성찰과 반성의 반추적 노력을 통해 조화와 공존의 질서가 코스모

스를 이루는 것이 행복으로 인식되었다.

후자는 행복을 올바르게 행하는 도덕적인 선행으로서 중용을 실천하면서 시민의 덕성이 낳은 사회적 결실로 받아들였다. 아리스토텔레스(Aristoteles)는 "중용의 덕(이성에 따라 자신의 능력을 조화롭게 발휘하는 것)을 지켜 사회적으로 미덕을 실천하고 확산함으로써 행복하게 된다"고 받아들였다.

르네상스 운동에 기원을 둔 휴머니즘은 과학적 합리주의와 결합되어 계몽주의(계몽주의적 휴머니즘)로 발전되면서 정치, 경제, 사회, 문화 등 여러 분야로 인간존엄과 인간애 사상을 확산시켰다. 그 후 인간의 이성과 합리성이 부각된 계몽시대를 거쳐 영국, 프랑스, 미국, 유럽에서 권리선언과 2차 대전 이후 UN에서의 세계 인권선언으로 이어지면서 휴머니즘 윤리의 보편적 가치로 확장되었다.

이런 역사적인 전개 과정에서 휴머니즘 정신을 바탕으로 한 자유, 평등, 존엄, 인권 등 인류 보편적 가치를 자유민주주의 정신으로 발전시킨 계기는 **미국 독립선언**(1776년)이었다. 미국 독립선언은 "모든 사람은 평등하게 태어났으며, 조물주로부터 양도할 수 없는 기본 권리를 부여받았다." "국민의 동의를 얻어 조직된 정부와 국민으로부터 부여된 정당한 권력은 국민의 자유, 행복, 생명을 추구할 권리를 보장해야 한다. 이에 반하는 정부에 대항해 국민은 새로운 정부를 조직할 권리가 있다"고 천명했다. 미국 독립선언은 13년 후 **프랑스 대혁명**(1789년)으로 이어졌다. 프랑스 대혁명은 "모든 인간은 평등하며 인간으로서 존엄성을 존중해야 한다"는 자유와 평등을 기치로 한 박애사상을 시민혁명의 핵심가치로 내세웠다. 휴머니즘을 바탕으로 한 자유주의는 미국 독립전쟁과 프랑스 대혁명을 거치면서 자유민주주의와 자본주의 발전의 인문·사회적 토대가 되었다.

(2) 동양 인문주의

이제 정신적 가치를 우선시한 동양 문명으로 역사의 시계를 돌려 동양 고전을 통해 인문주의를 조명해보고자 한다. 동양 인문주의는 사람을 사랑하고(仁) 의로움(義)을 발현하여 사람다운 세상을 이루고자 하는 **인의(仁義)사상**이다. 인문주의의 인간애와 도덕적 기초로서 인의를 강조했다. 『논어』에서 인(仁)은 "사람을 사랑하는 것(人間愛)"(『논어』 「안연」)이라고 했다. 인간애로서 인(仁)은 르네상스의 휴머니즘과 계몽주의가 표방한 인간의 존엄성과 인간 생명에 대한 존중이다.

공자는 **인(仁)**을 통해 사람다운 삶, 즉 사람이 사람다움을 지키는 삶과 인(仁)이 사회 속에 확산되는 좋은 세상을 갈구했다. 따라서 인간애로서 인(仁)은 사람과 사람 사이의 관계에서 성숙된 자아로서 배려와 공감(동정, 연민, 박애), 조화와 공존, 다름과 협력의 길을 넓히는 **인문정신**이다. 나아가 인(仁)은 '나와 너를 우리로써 상호 존중하고 협력하는 **사회적 인격**이요 사랑'이며, 타인을 배려하고 함께 공감하는 **도덕감정**이다.[2]

의(義)는 어진 마음인 사랑(仁)을 상황에 맞게 베풀도록 하는 **정의로운 행동기준**이다. "선하고 사랑하는 마음을 때와 상황에 적합하게 표현하는 과정에 의(義)가 있어야 한다"는 것이다. 사랑이 올바르지 못하면 인의에 벗어난다는 말이다. 이런 점에서 의(義)는 '어진 마음 인의 내비게이트'이다. 맹자는 의(義)를 '사람이 다니는 바른 길(人之正路)'이라고 하였다. 변화와 불확실성의 시대에 적합하게 대응할 올바른 규범으로서 의(義)는 자율적 존재로서 인간존엄과 건강한 공동체를 보존할 인문정신이다.[3]

인의사상으로서 동양 인문주의와 서구 휴머니즘은 우리의 근현대사에 많은 영향을 미쳤다. 조선의 세종 시대에는 백성을 사랑하는 인문정신을 훈민정음 창제와 국가 경영에 접목하면서 인간존엄 정신을 실천했고, 정조 시대에는 인문가치를 개혁정치와 수원화성 축조 등 사회 속에서 실학적 설계를 하는 데 적용하며 인간다운 세상을 구현하고자 했다. 그 후 인문주의에 기반을 두고 일제에 항거하며 자유로운 민주국가 독립과 건립을 외쳤던 민족적 저항이 3·1 독립운동이었고, 휴머니즘 정신과 결의는 3·1 독립선언서에 농축되었다. **3·1 독립선언서**는 자유, 민주주의, 인류 공통의 인권, 동양의 영구한 평화와 세계평화, 정의, 양심, 자주를 기반으로 도의의 시대와 인도적 정신의 새 문명을 선언했고, 그 인문정신의 결실이 8·15 광복이었다. 광복 이후 좌우 대립과 이념 분열의 혼란기에 동양 인문주의와 서구 계몽주의는 인간존중을 기반으로 한 자유, 민주주

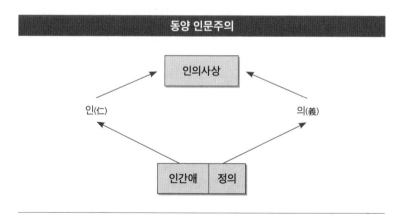

의, 시장경제를 기반으로 한 대한민국 수립의 기반이 되었다.

오늘날 대한민국이 세계 경제 10대 대국으로 발전해온 궤적에서 이룬 산업화와 민주화, 디지털화의 프로세스는 위기와 기회의 연속이었다. 역사적으로 위기를 기회로 선순환하게끔 한 사회적 윤리로서 인문정신과 인문·사회적 가치가 잠재되어 있었다. 앞으로 선진국의 길은 인류 보편적 가치와 그 시대가 요구하는 인문·사회적 자본을 지속적으로 축적하며 휴머니즘을 기반으로 하는 경제적 번영을 이루는 길이다.

✱ 훈민정음 창제의 휴머니즘

훈민정음 창제(1446년 훈민정음 반포)는 문자 권력을 백성에게 줘서 백성을 계몽하고 백성의 존엄성을 구현하기 위한 휴머니즘이 바탕이 된 위업이었다. 훈민정음의 휴머니즘 배경은 세종대왕께서 직접 설파한 훈민정음 해례본 서문에 잘 나타나 있다.

"나랏말이 중국과 달라 한자와 서로 통하지 아니하므로, 우매한 백성들이 말하고 싶은 것이 있어도 마침내 제 뜻을 잘 표현하지 못하는 사람이 많다. 내 이를 딱하게 여기어 새로 28자를 만들었으니, 사람들로 하여금 쉬 익히어 날마다 쓰는 데 편하게 할 뿐이다."

한글 창제를 통해 표현의 자유와 평등을 기반으로 한 백성의 인권과 존엄을 귀중히 여긴 세종의 휴머니즘 국정철학이 아닐 수 없다.

2. 휴머니즘과 자유주의의 여명

(1) 정치적 자유주의

인간의 존엄과 인간다운 삶을 존중하는 휴머니즘은 자유주의의 기반이 되었다. 사회 전체를 조직화하고 이념화하려는 집단주의를 거부하고 자율성과 다양성을 바탕에 둔 자유주의는 인간 중시의 휴머니즘에 기반을 둔 르네상스 운동을 계기로 시작되었다. 인간의 존엄성과 행복을 실천하고 구현하기 위한 **휴머니즘**은 인간을 자유로운 존재로서 표현과 사고의 자유와 선택할 자유를 기초로 하는 르네상스 운동을 거치면서 자유주의로 확산되었다. 그 후 자유주의는 이성과 합리주의를 바탕에 둔 계몽주의와 함께 종교전쟁과 시민혁명(영국 명예혁명, 미국 독립전쟁, 프랑스 혁명)의 사상적 기반으로서 민주, 인권, 공정의 가치를 확산하고 제도화하여 정치적 자유주의로 발전했고, 한편으로 정부의 개입과 규제로부터 경제활동의 자유를 강조하는 경제적 자유주의를 낳았다. 18세기 계몽주의 이후 '인간은 자율적인 인간성'으로서 자유로운 주체로 받아들였고, 이성주의 철학과 경험주의 철학을 종합한 철학자 **칸트**(Immanuel Kant)는 1781년 발간한 저서 『순수이성비판』에서 인간의 자율성 위

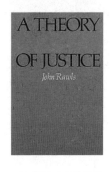

에 인간의 존엄성을 세웠다.[4]

오늘날 자유민주주의(liberal democracy)는 정치적 자유주의와 경제적 자유주의의 토양 위에서 발전해왔다. '정의론'을 설파한 존 롤스(John Rawls, 『정의론(A Theory of Justice)』, 1971)에 따르면, "정치적 자유주의는 자유민주주의 정치체제를 지지하며 시민의 자유(civil liberties)를 존중했다." 평등, 관용, 인권, 종교·사상·언론의 자유, 집회와 결사의 자유 등을 핵심가치로 하는 정치적 자유주의는 민주주의와 법치주의의 토대가 되었다.

여기에 **18세기 후반 경제학의 탄생과 함께 산업혁명과 시장경제가 확산되면서 출범한 자본주의에 자유가 깊숙이 스며들면서 민주주의 등장에도 결정적인 계기가 되었다.** 중세 봉건시대의 영주와 농노의 주종관계가 산업혁명과 자본주의 등장을 계기로 자율성과 계약을 바탕으로 하는 임금노동자로 전환된 것은 훗날 민주시민의 경제적 토대가 되었다. 자율적인 임금노동자들로 형성된 노동계층이 생산과 소비의 중심으로 부상하면서 민주주의에 대한 요구와 투쟁도 활발하게 전개되었다. 19세기에 자본주의가 진화하면서 자유주의 운동과 더불어 노동자들의 지위가 올라감에 따라 참정권을 요구하는 투표권을 회득하면서 민주주의 발전을 촉진시켰다.

돌이켜보면 정치적 자유인 주권자의 권리로서 투표권이 확장되어온 역사는 아주 험난했다. 1913년 영국 여권운동가 **에밀리 데이비슨**(Emily Davison)이 투표권을 부르짖으며 더비(Derby) 경마장에 뛰어들어 조지 5세 왕의 말에 밟혀 숨지는 시위가 있은 후 1918년 30세 이상 여성들이 투표권을 얻었다. 또한 1965년 미국 앨라배마주에서 흑인들이 투표권을 요구하는 유혈 시위가 있은 다음 투표권법이 제정되어 그해 8월에 남부 흑인 투표권이 보장되었다. 1963년 '워싱턴 행진(March on Washington)'에서 차별금지와 평등의 가치를 연설한 후 1964년 노벨평화상을 수상한 **마틴 루터 킹**(Martin Luther King) 목사는 1968년 암살당했다. 우리나라도 1948년 5월 10일 제헌국회 총선에서 21세 이상 성인 남녀에게 법적으로 투표권이 주어졌다. 자본주의 발전과 함께 20세기 중반 이후에 이르기까지 주권자로서의 투표권이 남녀와 인종에 대한 차별이 철폐됨으로써 정치적 자유가 자유민주주의를 증진시키는 결과를 가져왔다.

휴머니즘과 자유주의

정치적 자유주의	휴머니즘, 자유주의	경제적 자유주의
자유민주주의 법치주의		자유시장경제 자본주의

(2) 경제적 자유주의

경제적 자유주의는 자유시장을 기반으로 하는 **애덤 스미스**(Adam Smith) **계통의 고전적 자유주의에서부터 신자유주의에 이르기까지** 스펙트럼이 넓다. 이들은 시장의 자율성과 능력주의를 기반으로 개인과 민간부문의 자유로운 경제활동을 보장해야 한다

애덤 스미스
(1723-1790)

는 철학을 공유하고 있다. 자유주의를 출범시킨 르네상스 시대 도시국가에서 이미 시장에서 경제적 교류가 이루어졌으며, 공정한 시장질서에 대한 관심이 싹텄다.

경제적 자유주의는 시장의 자율성을, 사회주의는 국가의 역할을 강조했

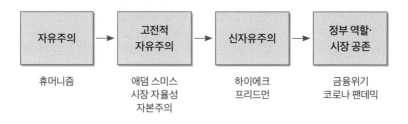

경제적 자유주의			
자유주의	고전적 자유주의	신자유주의	정부 역할· 시장 공존
휴머니즘	애덤 스미스 시장 자율성 자본주의	하이에크 프리드먼	금융위기 코로나 팬데믹

다. 이상적이고 철학적인 방향을 제시했던 애덤 스미스 중심의 고전적 자유주의는 20세기 후반 밀턴 프리드먼(Milton Friedman)과 프리드리히 하이에크(Friedrich A. Hayek)를 중심으로 한 경제학자들에 의해 신자유주의(neo-liberalism) 사상으로 발전했다. 1929년 대공황 이후 20세기 중반까지 풍미했던 케인스 사상이 1970년대 들어와 오일쇼크와 스태그플레이션 등을 겪으면서 한계가 드러나자 대안으로 신자유주의 사상이 출현하였다.

경제적 자유주의에 있어 신자유주의는 애덤 스미스적인 고전적 자유주의의 외연을 확장했다. 예를 들면 정부를 보는 시각에 있어 프리드먼은 "나는 정부가 필요하긴 하다"는 주장을 펴면서도 "복잡하고 불안정한 정치와 영리하지 못한 정부로 인해 정부실패가 발생한다"는 점을 경고했다. 나아가 신자유주의는 경제적 자유와 정치적 자유가 밀접한 관계에 있음을 지적했다. **하이에크**는 자신의 불후의 저서 『노예의 길(The Road to Serfdom)』(1943)에서 "경제적 자유 없이는 정치적 자유를 얻기는 불가능하다"고 했다. 또한 **프리드먼**은 저서 『자본주의와 자유(Capitalism and Freedom)』에서 "경제적 자유가 정치적 자유의 필수불가결한 조건"이라며, 『선택할 자유(Free to Choose)』에서 "경제적 자유가 정치적 자유와 개인적 자유로 이어진다"고 주장했다.[5]

1980년대 미국의 **로널드 레이건과 영국의 마거릿 대처 정부**에서 정책으로 채택되었던 신자유주의는 그 후 자본주의 경제성장기를 이끌면서 끝내 공산주의 계획경제를 몰락시키고, 시장경제를 동구권에 유입시키는 결과를 가져왔다. 경제적 자유주의가 동구권 여러 공산주의 국가들을 시장경제로 전환시켜 서유럽과의 경제 격차를 줄이는 데 기여하고 있다.

흔히 20세기를 역사상 가상 폭력적인 세기라고 평한다. 전반부에는 세계대전과 대공항, 내전 등 폭력이 난무했지만, 후반부는 전쟁을 피한 평화기였다. 전쟁과 평화의 20세기에 세계적인 대공항의 시련과 2차 대전의 비극을 겪었지만, 독일 통일을 계기로 경제적 자유주의는 국경을 초월하여 교류하고 소통하는 글로벌 시대를 열었다.

그 후 신자유주의는 2008년 서브프라임 모기지 사태로 촉발된 금융위기와 불평등 악화, 그리고 2020년부터 지구촌을 덮친 코로나 팬데믹으로 인해 위기 극복을 위한 정부의 재정 확대와 정부 개입으로 한계가 드러났다. 경제 외적인 위기와 재앙으로 인해 신자유주의가 후퇴한 가운데 정부의 역할과 시장이 공존하는 시대를 맞고 있지만, 초연결과 데이터, 인공지능(AI, Artificial Intelligence)을 기반으로 하는 4차 산업혁명 시대는 자유에 바탕을 둔 창의적 사고와 탁월한 통찰을 요구하고 있다. 경제적 자유주의가 후퇴하게 되면 창의와 혁신이 무뎌지고, 자유민주주의도 후퇴할 것이다. 창의와 혁신을 기반으로 하는 선진국들의 번영은 경제적 자유주의로부터 나왔다.

3. 자유, 민주주의, 시장경제[6]

(1) 선진 경제기반

자유, 민주주의, 인권, 정의는 인류 보편적 가치다. 선진국들은 이들 보편적 가치를 바탕으로 선진국의 길을 열었다. 인간의 인간다운 삶과 자율성을 존중하는 자유의 가치, 국민주권의 민주주의 정치, 인간의 기본적인 권리로서 인권, 공평한 기회가 보장되며 사회적 약자를 배려하는 공정한 사회는 인류의 발전과 번영을 가져왔다. 존 스튜어트 밀(John S. Mill)은 『**자유론**(On liberty)』에서 "개인의 자유를 통해 창의적이고 행복한 자기 발전을 이루고, 이것이 곧 사회 발전으로 이어진다"고 했다. 자유는 창의의 원천이고 번영의 기반이다.

첫째로 **선진 경제기반은 자유와 시장경제에 뿌리를 두어왔다.**

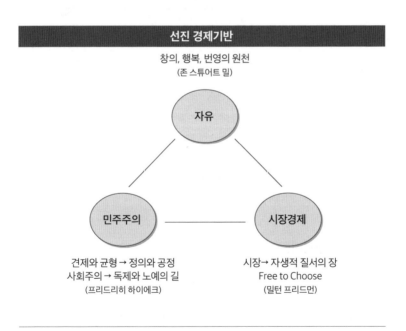

경제는 시장을 통해 경제적 자유를 구현하고, 자유가 시장경제의 역동성을 뒷받침해준다. 우주에서 만유인력의 원리가 무너지면 우주 질서가 혼돈에 빠지듯이 자유시장 원리를 거스르면 경제는 번영할 수 없다. 경제활동에 대한 자유는 시장과 결합되어 시장경제로 발전하였다. **시장경제를 자본주의의 토대로 설계했던 학자가 애덤 스미스였다.** 그가 끌어들인 '보이지 않는 손(invisible hand)'은 시장경제를 상징하는 대명사가 되었다. 시장에서 상품을 사고팔면서 가격이 신축적으로 오르내리며 수요와 공급이 자동적으로 조절되는 (보이지 않는) 시장 메커니즘을 자연신학의 '보이지 않는 손'으로 표현한 것이다.

둘째로 **선진국 경제는 시장경제의 민주적 메커니즘을 바탕으로 한다.** 프리드리히 하에에크는 "시장은 가격을 매개로 사람들이 정보와 지식이 상호 교환되는 자생적 질서의 장이다"라는 점을 강조했다. 그 이유는 시장, 특히 자유시장은 다양한 재화와 가치가 경쟁을 통해 상호 교류하면서 자유롭게 선택하고 소통되는 열린 공간이기 때문이다. 자유시장의 생명은 교환되는 상품의 다양성을 살리고, 교환을 방해하지 않으며, 경쟁 상대방도 파트너로서 참여하게 한다는 데 있다. 이런 점에서 시장경제는 국가주의나 집단주의를 단호히 거부하며, 경제활동에 누구나 참여케 하는 민주적 메커니즘으로서 공평한 기회를 존중해야 한다. 시장경제가 경제활동의 민주적 메커니즘으로서 자유를 중심에 두고 있을 때 효율과 공정이 공존할 수 있다.

맬서스(Tomas Malthus)의 **인구론**(On Population)에 영향을 받은 진화론자 다윈(Charles Darwin)은 "모든 인간에게 열린 경쟁이 있어야 한다"고 설파했다. 시장의 자유가 국가의 번영을 가져온다는 애덤 스미스의 고전적 자유주의 사상을 결합한 신자유주의자 밀턴 프리드먼은 "경제적 자유가 정치적 자유로 이어진다"고 보았고, 자유시장의 가장 큰 강점은 "당사자들이 직접 선택할 자유(Free to Choose)를 가지게 한다"며 시장에서의 자유롭고 민주적인 메커니즘을 강조했다.

셋째로 자유와 시장경제가 민주주의와 결합해야 공정한 선진국 경제로 발전할 수 있다. 자유가 있어야 창의적이고 자율적으로 행복과 번영을 추구할 수 있고, 민주주의의 견제와 균형의 제도적 틀이 갖추어질 때 정의와 공정으로 나갈 수 있다. 또한 경쟁과 협력을 하면서 선택할 자유의 기회는 시장경제에서 나온다. 따라서 경제적 번영과 행복을 추구하는 선진국의 길은 자유, 민주주의, 시장경제에 뿌리를 둬야 한다. 자유민주주의에 반하는 사회주의나 전체주의는 자유 대신 획일적인 가치와 계획경제를 내걸고, 민주적인 시장경제의 영역을 마비시켰다. 하이에크는 저서 『노예의 길』에서 "사회주의의 길은 독재와 노예로 가는 길"이고 "자유가 평등보다 더 중요하고, 평등을 실천하려는 시도가 자유를 위기에 빠뜨린다. 무엇보다 자유가 사라지면 자유롭지 못한 사람들한테는 평등조차도 없을 것이다"라고 경고했다. 시장과 경제주체에게 자유와 자율성이 있을 때 경제는 번영한다.

지금까지 지구촌에서 자유, 민주주의, 시장경제를 견지하지 못한 어떤 국가도 선진국 경제 진입에 실패했다. 대표적인 국가가 아르헨티나였다. 아르헨티나는 1900년대 초반까지 세계 경제 5대 부국이었고 1인당 GDP가 미국보다 높은 선진국이었다. **아르헨티나**는 세계로부터 이민자들이 몰려오는 선진부국이었다. 하지만 페론주의(1946~1965년, 1973~1974년에 아르헨티나 대통령을 지낸 후안 페론의 대중영합적 이념)에 휩싸여 정치적 혼란과 포퓰리즘에 빠지면서 자유민주주의가 무너졌다. 독재정권에 의한 시장경제가 짓밟히고 복지 포퓰리즘에 의해 국가부채가 급증하면서 국가부도 사태가 최근까지 9번째 반복적으로 발생하였다. 과다한 임금인상, 철도·항만 국유화, 인플레이션, 100%가 넘는 기준금리 등으로 장기침체에 빠져 지금은 1인당 GDP가 1만 달러대로 추락했다. 독재정권으로 인한 자유, 민주주의, 시장경제가 침몰하면서 선진국 경제의 몰락으로 이어졌다.

(2) 선진 경제 가드레일

작금에 이르러 양극화와 불평등이 심화되고, 불공정과 사회적 불균형이 확산되면서 자유와 민주주의, 시장경제가 도전을 받고 있다. 자유, 민주주의, 시장경제를 더 두텁게 견지하기 위해서는 인권 보장 차원에서 사회적 약자와 취약계층을 보호하고, 시장실패로 인한 공정한 시장질서의 훼손이나 불균형을 바로잡는 등 영리한 정부의 역할이 필요하다.

또한 자유민주주의가 자유, 민주, 정의를 지향해왔지만, 사회적으로 공정과 도덕적 가치를 접착하는 데 한계를 드러냈다. 개인의 권리와 자유는 지속적으로 확상되는 대신, 공동체 구성원으로서 책임감과 절제력을 잃고 탐욕적인 경제 심리의 분출은 사회통합의 기반을 침하시키고 있다. 그뿐만 아니라 보수와 진보의 이념적 갈등과 대립, 포퓰리즘에 기댄 선동정치, 국민에 의해 선출된 지도자에 의한 민주주의 파괴 등으로 지구촌 곳곳에서 자유와 민주주의는 위협을 받고 있다.

한국 사회도 정치적 갈등과 균열로 자유민주주의와 시장경제가 공격받고 있다. 한국 정치권은 국제사회의 보편적 가치와 국제질서에 대한 적응도가 상대적으로 낮다는 평가를 받고 있다. 자유민주주의에 대한 가치와 절차적 정당성을 국내 정치나 당리당략에 의해 경시하면서 한편으로는 민주주의를 내세우는 이중성과 정략적 모순에 빠져들고 있다. 또한 정치권이 시장경제의 명분을 내걸면서 실질적으로는 시장을 옥죄는 반시장적 입법을 남발하고 있다. 한국 선진국의 길을 발목 잡고 정체시키는 허들은 자유민주주의와 시장경제의 위협 요인들이다.

첫째로 자유와 민주주의의 위협으로부터 초래되는 한계 상황을 극복하기 위해 기본을 두텁게 다지는 것이 우선이다. **기본적으로 자유와 민주주의를 지킬 시민의식과 시민교육의 기반을 든든히 다지고, 자유와 민주주의를 지탱할 도덕적 기초를 지속적으로 확장해야 할 것이다.** 현실적으로 언론의 공정성과 사법부의 독립성을 높여 자유와 민주주의의 위협에 대한 방파제를 든든히 해야 한다. 자유와 민주주의 발전 과정에서 우리는 자유민주주의를 지키려는 시민정신과 함께 **언론과 사법부의 독립성**이 자유민주주의를 지켜온 보류였음을 보아왔다.

둘째로 경제적 자유주의는 자유로운 시장경제 활동을 기반으로 한다. 그러나 시장을 옥죄는 규제 남발과 의회의 과잉입법, 국가가 책임진다는 국가주의, 민간을 추종자로 간주하는 수직적 정부, 시장실패 등으로 시장경제 또한 도전에 휩싸여 있다. 이 도전은 반(反)시장적인 외적 요인과 시장질서를 어지럽히는 내적 요인에서 오는 시장실패이다. 외적 요인은 시장을 압박하는 규제와 정부·의회·이해단체로부터의 시장과 마찰하는 개입과 간섭이다. 내적 요인은 시장을 교란시키는 독과점, 불공정 행위, 시장에서 해결할 수 없는 외부불경제로서 카르텔을 만드는 행위다. 시장경제를 발전시켜 경제적 자유를 확장시켜가기 위해서는 시장실패를 교정시키는 보완적 장치가 함께 있어야 한다. 신중해야 할 측면은 건강한 시장경제의

선신 경세기반	도전과 위협	경제 가드레일
자유 민주주의	• 정치 후진성 • 정치 양극화 • 포퓰리즘 • 선출된 지도자의 　민주주의 파괴	• 책임, 절제, 균형 등 　도덕적 기초 • 시민의식, 시민교육 • 언론, 사법부 독립
시장경제	• 반시장적 규제입법 남발 • 시장실패, 카르텔 • 국회의 과잉입법	• 공정한 시장질서 • 정부의 보완적 역할

가드레일로서 정부의 정책이 협력적으로 보완적인 역할을 해야 하지만, 마찰적 대체적인 수단이 되는 것은 바람직하지 않다.

따라서 **자유민주주의와 시장경제의 한계를 보완은 하되 이를 위협하는 역설(paradox)로 번지는 반(反)자유민주주의와 반(反)시장은 단호히 경계하지 않으면 안 된다.** 자유민주주의와 시장경제가 겪는 온갖 시련에도, 아직 세상에 남아 있는 제반 문제에도 불구하고, 인류 평화와 경제적 번영의 기반이 자유와 민주주의, 시장경제임을 역사가 증명해주고 있다. 자유, 민주주의, 시장경제를 기반으로 하는 선진 경제 가드레일을 견고히 해야 하겠다.

───── ◆◆◆ ─────

서구 르네상스 운동과 동양 인의사상을 기반으로 하는

휴머니즘의 인간 존엄과 인간애 정신 →

자유주의 태동(정치적 자유주의, 경제적 자유주의) →

자유, 민주주의, 인권, 정의, 공정, 시장경제로 발전 →

선진국 자본주의 경제가치

제 2 장

◆

두터운 경제, 소프트웨어

필자가 선진국 경제의 소프트웨어로서 두터운 경제에 관심을 갖게 된 동기는 자유, 민주주의, 시장경제가 도전을 받는 상황에 직면하면서 **경제적 인간**(homo economicus)**을 대상으로 하는 경제학이 인문학과 사회학으로 경계를 넓혀 사회적 인간(homo sociologicus) 내지 상호적 인간(homo reciprocus)의 영역을 포용해야 한다**는 성찰에서 시작되었다. 선진국 발전의 역사는 경제적 자유주의가 자유민주주의를 촉진시켰고, 자유민주주의가 시장경제를 확장시키는 두터운 소프트웨어를 축적해왔다.

이와 관련하여 21세기 한국이 선진국 경제로 발전하기 위해 다져야 할 소프트웨어에 대해 논의하고자 한다. 사회적 인간과 상호적 인간의 영역을 포용하는 소프트웨어의 기본을 다져야 한다는 측면에서 인류의 문명과 번영의 새로운 장을 열어온 휴머니즘에 대한 경제적 탐구와 윤리적 기초로서 도덕감정, 그리고 개인과 공동체, 나아가 경쟁과 협력이 공존하는 시장경제의 민주적 질서를 확장시킴으로써 자유와 공감, 결속을 다지는 인문·사회적 가치를 경제에 접목시키는 데 주안점을 둘 것이다.

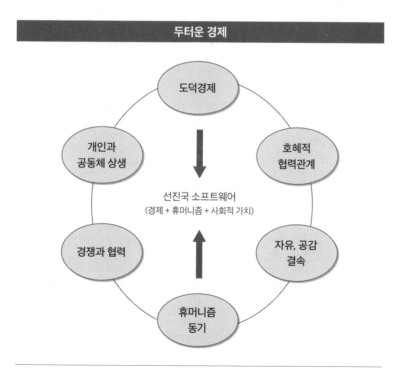

두터운 경제

도덕경제

개인과
공동체 상생

호혜적
협력관계

선진국 소프트웨어
(경제 + 휴머니즘 + 사회적 가치)

경쟁과 협력

자유, 공감
결속

휴머니즘
동기

1. 경제의 휴머니즘 뿌리

(1) 휴머니즘 배경

경제는 인간의 존엄과 행복을 추구하는 휴머니즘을 기반으로 번영을 추구해야 한다. **경제의 주체는 사람이고, 그 중심은 물질이 아니라 사람이기 때문에 경제는 휴머니즘을 기반으로 해야 한다.** 경제는 현상으로서 표출되지만, 더 깊은 측면으로 인간의 본성과 심리와 연관되어 있다. 실제로 인간의 본성은 경제 심리에 영향을 미치고, 경제 심리가 경제 트렌드를 주도하는 경우가 많다. 이런 점에서 선진국 경제의 소프트웨어는 인간애(人間愛)와 인간존엄(人間尊嚴)을 추구하는 휴머니즘을 바탕으로 해야 한다는 점을 주목

경제의 휴머니즘 동기

공공선

알프레드 마샬: 경제 = 富 + 인간탐구(인문가치)

차가운 머리와 따뜻한 마음

하지 않으면 안 된다.

먼저 경제(학)의 휴머니즘 동기를 추적해보는 데서 두터운 경제의 여정을 출발해보자. 근대 경제학의 기초를 닦은 영국 케임브리지대학의 경제학자 **알프레드 마샬**(Alfred Marshall)은 고전적 저서 『경제학 원론(Principles of Economics)』(1890)에서 "**정치경제학은 한편으로는 부(富)에 관한 연구이고, 다른 한편으로 보다 중요한 측면은 인간에 대한 탐구**"라고 갈파했다.[7] 인간에 대한 탐구 자체는 보다 구체적으로 인간애로서 '인간의 존엄성을 존중하는 휴머니즘을 경제에 반영하기 위한 탐구'로 해석할 수 있다.

나아가서 인간은 삶의 의미를 추구하며 그 의미를 실현시키기 위해 경제활동을 한다. 아쉽게도 경제를 표면 위에 나타난 현상으로 진단하고 관찰하는 경우가 많지만, 경제활동의 주체인 인간이 경제 상황과 어떻게 상호작용하는지를 경제가 살펴야 한다는 측면을 강조한 것이다. 단지 개인의 이익을 추구하는 합리적이고 개인주의적인 경제적 인간에 그치지 않고, 실제로 경제·사회 속에서 휴머니즘을 배경으로 발현되는 상호적이고 사회적인 인간을 탐구해야 한다는 것이다.

이런 점에서 **경제에는 경계를 넘어 휴머니즘의 인문가치와 사**

회적 심리를 반영해야 한다. 경제정책과 경제 운영에 있어서 인간을 중심에 두고, 경제 원리를 재화나 부에만 치우치지 말고 인간을 주체로 삼아야 한다는 휴머니즘의 인문·사회적 가치를 포용해야 한다는 말이다. 이것은 경제 원리가 물적 바탕뿐만 아니라, 인간의 본성과 심리적 기반 위에서 작동된다는 인문·사회적 속성으로 확장된 경제 원리다.

일찍이 마샬이 강조했듯이 경제를 탐구하는 경제학도의 자세로서 '**차가운 머리와 따뜻한 마음**(cold head and warm mind)'을 가져야 한다는 인성관에서도 잘 나타나 있다. 이성적으로 판단하는 차가운 머리와 함께 '따뜻한 마음'에는 인간애를 바탕으로 서로 공감하며 인간의 존엄성을 추구하는 인문가치가 포함되어 있다고 보아야 할 것이다. 이미 앞 장에서 경제활동의 자유와 선택의 자유를 존중하는 경제적 자유주의가 자유주의의 기반이 된 휴머니즘에 뿌리를 두고 있음을 시적한 바 있다.

보다 중요한 측면으로 경제의 휴머니즘 바탕에는 **인문가치로서 휴머니즘이 인간의 마음과 심리를 통해 선진국 경제의 소프트웨어로 작용한다는 희망의 신호에서 찾아볼 수 있을 것이다.** 그 단서가 인간의 본성은 긍정적인 선한 심리를 바탕으로 하고 있다는 발견이었다. 맹자는 "사람의 타고난 본성은 양심에 따라 행동하면 착하다"고 하면서 성선설(性善說)을 주장했다. 타고난 선한 본성을 네 가지 마음의 특성, 즉 사단(四端)으로 표현했다. 연민하고 아파하는 마음인 측은지심(惻隱之心), 부끄러워할 줄 아는 수오지심(羞惡之心), 양보하는 마음인 사양지심(辭讓之心), 옳고 그름을 분별할 줄 아는 마음인 시비지심(是非之心)은 타고난 선한 본성이라고 했다. 서구 사상가 중 프랑스 철학자 **루소**(Jean J. Rousseau)는 인간이 선하다(性善)고 했고, 영국 철학자 **로크**(John Locke)는 인간의 본성을 백지와 같다고 했다. 또한 최근 **스티븐 핑크**(Steven Pinker)는 저서 『우리 본성의 선한 천사(The Better Angels of Our Nature)』(2021)에서 "인간은 폭력으로부터 멀어져 협동과 이타성을 추구하도록 이끄는 동기, 즉 선한 천사의 본성을 갖고 태어난다"고 보았다.[8]

따라서 인의사상은 사랑과 옳고 그름의 도덕적 가치를 구현하는 사상으로, 휴머니즘은 인간의 존엄을 존중하는 인간애로서 선진국 경제가 번영의 미래를 열어가는 인문·사회적 소프트웨어라고 본다.

(2) 휴머니즘 확산

경제·사회적 관계 속에서 공공이익, 협력, 이타심과 같은 공공

선이 발현되기 위해서는 휴머니즘 가치가 확산되어야 한다. 아리스토텔레스는 "인간은 사회적 동물로서 좋은 교육을 받고 좋은 제도(법)를 만들어 시민들이 휴머니즘의 덕성을 고양하게 되면 개인의 삶과 공동체의 행복을 증진시키는 공공선을 가져온다"고 역설했다. 인간은 개별적인 존재인 동시에 사회적 동물이기 때문에 개인주의적인 이기심이 발동하게 되지만, 인간애를 존중하는 휴머니즘을 좇을 때 이타심도 표출된다. 게다가 인간은 사회적 존재로서 휴머니즘에 기반을 둔 경제·사회적 관계로부터 더 큰 보람과 행복을 찾는다.

좋은 사례로 **애덤 스미스**는 이기적인 인간에게 열린 시각으로 다른 사람에게 공감하고 배려하며 절제하는 '도덕감정'의 본질도 있기 때문에 개인의 이익 추구가 공공이익을 가져오게 된다고 주장했다. 이 주장의 배경에는 인간의 도덕감정뿐만 아니라 휴머니즘이 함께 깔려 있다고 생각한다.

실제로 휴머니즘이 녹아든 예를 들어보자. 음식점 주인이 요리를 하는 것은 이기심에 의해 돈을 벌기 위한 것이지만, 시장에서의 '보이지 않는 손'인 가격에 의해 경쟁을 하다 보면 고객에 대한 이타심도 솟구쳐서 더 맛있고 가성비가 좋은 풍성한 식단을 꾸리게 되어 공공이익을 가져오게 된다는 것이다. 기업 활동도 마찬가지다. 기업은 제품을 만들어 이익을 얻고자 하지만, 경쟁하면서 더 좋은 제품을 만들어 삶의 질을 높여 사회적으로 기여하는 공익을 가져온다. 우리는 코로나 팬데믹 상황 속에서 휴머니즘을 바탕으로 의료진들과 자원봉사자들의 이타적 인간 본성과 헌신이 코로나 확진자의 고통을 덜어주는 공공선을 보았다.

하지만 안타깝게도 공익과 공공선을 이루는 사회적 기반과 도덕 감정이 오히려 취약해지면서 휴머니즘과 벗어나는 공동체 모습도

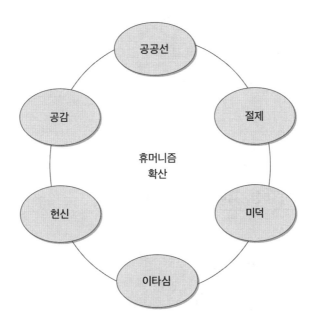

많이 표출되고 있다. 과학기술 발전과 디지털 사회로 접어들면서 삶이 개인화되고 각자도생하는 사회구조 속에서 휴머니즘의 가치가 경시되고 있지 않나 우려스러운 상황도 벌어지고 있다.

따라서 휴머니즘을 바탕으로 하는 인간의 이타심, 도덕감정, 미덕 등 인간의 본성이 경제·사회적 관계 속에서 공공선을 발현하도록 시민교육과 인문정신을 확산시키는 **사회적인 관계망**을 **확충**해야 할 것이다. 냉장고에 담긴 음식은 전기 스위치가 켜 있지 않으면 상하기 마련이다. 선진국 경제에는 휴머니즘의 불빛이 꺼지지 않도록 휴머니즘의 인문·사회적 가치를 적극적으로 접목해야 할 것이다. 경제가 소프트웨어로서 휴머니즘을 토대로 해야 개인과 사회의 행복과 공공선, 그리고 경제적 번영을 함께 촉진시키는 선진국 경제로 발전하게 될 것이다.

2. 도덕감정, 그리고 그 가치

(1) 경제의 도덕적 기반

오늘날 도덕감정은 무겁게 다가오고 있지만, 그것은 인간이 지니고 있는 본성이요, 자본주의 경제의 기반이었다. **도덕감정은 편향되고 편파적인 감정에 대한 도덕적 반응이요, 공감하고 절제하며 배려하도록 노력하는 도덕적 이타심이다.** 사람이 절제하고 배려하며 공감을 얻고 싶어 하는 마음은 본성에서 나온다. 경제윤리로서 도덕감정이 뒷받침되지 않은 경제는 항해하는 배가 나침반을 잃은 것과 같다. 선진국 경제로 발전하기 위해서는 경제의 도덕적 기반을 넓히는 데 힘써야 한다.

애덤 스미스는 도덕철학서인 『**도덕감정론**(Moral Sentiments)』(1759)을 경제학의 원전인 『국부론』(1776)보다 17년이나 먼저 썼다. 그는 경제학자이기에 앞서 도덕철학자로서 도덕철학을 강의하였

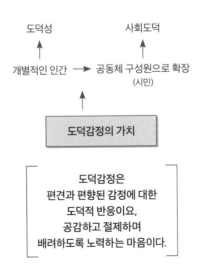

다. 그가 국가의 부(富) 이전에 주목한 것은 인간의 삶과 인문·사회의 중요한 기반이 되는 공감하고 배려(계몽주의자들의 연민, 동정, 박애의 개념)하며 자제하는 도덕감정이었다. 인간의 이기심에 기초한 '보이지 않는 손'보다 **인간과 인간의 관계에서 절제하고 배려하면서 '공감'하는 도덕적 가치**에 먼저 눈을 돌렸다. 인간이 천성적으로 지니고 있는 공감(sympathy)을 얻고 싶어 하는 도덕감정은 그 후 17년이 지나 자유주의 경제와 자본주의를 탄생시킨 『국부론』의 도덕적 기반이 되었다.[9]

나아가 애덤 스미스는 도덕감정을 인간의 도덕성을 판단하는 잣대일 뿐만 아니라, 공감을 통한 사회적 관계를 넓히는 사회도덕으로서 받아들였다. 공감을 얻기 위해서는 도덕적이며 올바른 말과 처신이 있어야 하기 때문이다. **인간이 이기적인 존재라 하더라도 타인과 공감하는 도덕감정을 지니고 있기 때문에 인간은 원자화된 개개인이 아니라 사회와 공동체의 구성원으로서 상호관계를 맺어간다.** 공감은 타인의 고통을 아파하는 연민의 마음, 즉 측은지심인 인간의 본성이요 시민 덕성이다. 이런 점에서 도덕감정으로서 공감은 개개인을 사회 속에서 서로 교류하며 사회 구성원으로 연결하는 정서이다. 나아가 공감은 개별적인 자아를 배려하고 절제하는 미덕을 나누는 공동체 시민으로 확장시키는 도덕적 이타심이다.

(2) 공동체의 사회도덕, 정의

나아가 스미스가 주목한 도덕감정은 사회도덕으로서 공감 이외에 정의, 성찰, 절제, 지혜, 신중성 등 도덕적인 바탕으로부터 발현되는 포괄적인 감정이었다. 이러한 다양한 도덕감정 중에서 특히 사회도덕으로서 정의를 중요시했으며, 국가의 역할로서 **"정의는 인간 사회라는 구조물을 지탱하는 기둥"**이라고 강조했다. "인간의 도덕감정에 위배될 정도의 이기적이고 반사회적인 행동을 한다거나 사회적으로 타인의 자유와 정의, 행복을 침해할 때, 국가의 개입은 개인과 공동체 발전을 위해 정당하다"고 보았다.

따라서 애덤 스미스의 경제 문법은 개인의 이기심을 바탕으로 보이지 않는 손이 조율하는 경제에, **공감하고 배려하며 절제하는 도덕감정이 사회도덕으로서 사회나 공동체의 규범으로 확장되어야, 개인과 사회가 균형 있게 건전한 발전을 할 수 있음**을 제시한 선진국 경제의 소프트웨어이다. 도덕감정을 기반으로 하지 않거나 배제한 채, 개인의 이기심을 전제로 '보이지 않는 손'에만 기댄 경제 논리나 경제적 자유주의는 반쪽 자유주의 경제관이다. 2008년 금

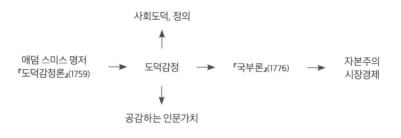

도덕감정

애덤 스미스 명저
『도덕감정론』(1759) → 도덕감정 → 『국부론』(1776) → 자본주의 시장경제

사회도덕, 정의

공감하는 인문가치

융위기에서 경험했듯이 도덕감정이 흐트러지면, 이기심이 난무하고 탐욕에 젖어 공정한 시장경제에 대한 도전과 금융시장의 질서에 혼란을 초래했었다.

흔히 양극화가 심화되거나 중산층이 흔들리고 시장실패가 일어나면 각종 정책을 내놓는 데 혈안이 된다. 앞으로 정부가 정책을 결정하거나 정부의 역할에 있어서 도덕감정을 자극하고 살리는 인문·사회적 가치를 간과해서는 안 될 것이다. 이런 까닭에 좋은 정책과 신뢰받는 정부의 역할은 도덕감정을 경제·사회석으로 확상시킴으로써 개인과 사회, 시장과 사회 간에 마찰과 갈등을 완화하고, 나아가 공동체의 사회도덕으로서 정의를 넓히는 데 기여해야 할 것이다.

미래학자 **제러미 리프킨**(Jeremy Rifkin)은 "기본적으로 감정을 이입하는 종(種)"으로서 **"우리는 신경회로에 공감 충동이라는 특**

별한 자질이 연결된 축복받은 종이다. 공감 충동은 유연하고 무한한 확장성을 자랑한다"고 인간을 표현했다.[10] 도덕감정의 경제적 확장 가능성에 대한 고무적인 진단으로 이해할 수 있다. 도덕감정을 선진국 경제를 구현하는 사회도덕으로 전파되도록 적극적인 경제·사회적 환경을 조성해가는 것이 바람직하다.

3. 개인과 공동체가 상생발전하려면

(1) 사회성과 상호성[11]

사람은 자신과 교감하는 개인의 삶과 사회 속에서 타인과 끊임없이 관계하는 공동체 구성원의 삶, 즉 사회적 인간으로 살아간다. 선진국 경제는 개인과 공동체의 상생발전을 지향한다. 상생(相生)은 서로 부딪치고 모순되는 것들이 서로를 배척하지 않으며 발전적인 관계를 맺는 상성(相成)을 말한다.

인간은 개인의 자유를 누리면서 사회적 관계 속에서 성장하는 사회적 인간이며 상호적 인간이다. 즉 사람은 사회적 동물이요, 인간은 다른 사람들과 상호 관계하는 존재이다. 다양한 사회적 관계를 맺으면서 인간은 개별적인 자아를 넘어 사회 구성원으로서 참여하고 나 자신을 사회적 인간으로 개방하는 **사회성**(sociality)을 갖는다. 또한 우리가 자유롭고 창의적인 개성을 창달하면서 공동체 구성원으로서 공동선을 이루기 위해서는 사회적 관계 속에서 소통하며 서로 연결하고 협력하는 **상호성**(reciprocity)이 필요하다.

개인과 공동체의 상생발전을 위한 사회성과 상호성의 인문·사회적 동기는 자아실현, 즉 인간 번영(human flourishing)에서 비롯된다. **인간의 번영과 자아실현은 사회 속에서 다른 사람들과 관계와 협력을 통해 이룰 수 있다.** 공동체 구성원으로서 참여하여 사회적 교류와 소통의 과정을 거치면서 자아실현과 사회에 기여하는 기회가 열리고, 호혜적인 활동을 통해 인간도 사회도 함께 상생발전하게 된다.

따라서 개인과 공동체의 상생발전을 위해서는 나 자신을 사회를 향해 개방하여 사회에 참여하는 사회성과 공동체 구성원들과 사회적 관계를 하며 협력하는 상호성을 확장해야 한다. 사회성과 관계성의 확장은 개개인의 자유를 바탕으로 공동체를 향한 연대의 지평을 넓히는 소프트웨어이다.

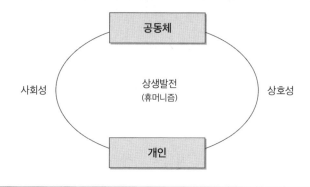

개인과 공동체의 상생발전

공동체

사회성　　　상생발전
　　　　　　(휴머니즘)　　　상호성

개인

(2) 상생발전의 협력

사회적 존재로서 인간의 상호성과 사회성은 근원적으로 휴머니즘에 뿌리를 두고 있다. 인간애와 협력적 공존을 지향하는 휴머니즘은 사회 속에서 상호성과 사회성을 통해 공감과 신뢰를 넓힘으로써 공동선을 추구하게 한다. 행복한 삶과 사회를 위해 인간이 서로의 미덕을 나누며 협력하는 상호성의 덕성을 존중해온 것은 휴머니즘의 전통이었다. 이런 휴머니즘의 전통에는 '시민들의 덕성이 행복을 가져온다'는 아리스토텔레스적 뿌리와 '개인의 이성과 절제, 용기가 올바른 사회를 이룬다'는 플라톤적 뿌리가 함께해왔다.

첫째로 도덕적 감정이 공감회로를 통해 이기적인 자아가 다른 사람들과 이타적으로 마음을 나누고 배려하는 인간의 개별적 본성에서 시작되었다면, 상호성은 개인이 사회적 관계를 통해 공동선을 이뤄내는 인간의 사회적 속성으로 이해할 수 있을 것이다. 나아가 사회성과 상호성은 개인을 시민으로서, 그리고 공동체 구성원의 상호적 인간, 호모 레시프로쿠스(homo resiprocus)로 확장시킴으로써 개개인을 공동체 시민으로 역할을 하게 한다. 이런 점에서 **사회적 존재로서 공동체 구성원들과 소통하고 협력하는 상호성을 발휘할 때 개인과 사회는 상생발전을 위한 협력이 가능할 것이다.** 이기적이고 공동체와 동떨어진 구성원들의 상호성이 결여된 각자도생으로는 상생발전과 사회적 결속이 이루어지기 어렵다. 좋은 사회적 관계로서 상호성을 촉진시키며 상호적인 인간사회로서 시민사회의 발전은 사회적 결속과 공존, 그리고 상생을 이끌 소프트웨어이다.

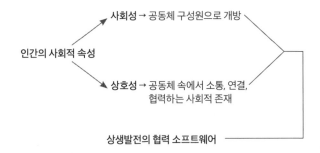

사회성 → 공동체 구성원으로 개방

인간의 사회적 속성

상호성 → 공동체 속에서 소통, 연결, 협력하는 사회적 존재

상생발전의 협력 소프트웨어

둘째로 우리 사회에도 계층 간, 세대 간, 지역 간, 노사 간 마찰과 갈등뿐만 아니라, 불평등과 양극화 심화가 경제·사회 발전을 저해하는 상황이 벌어지고 있다. 압축성장이 민주화로 이어졌지만 사회발전의 선진화로 이어지지 못하고, 갈등과 분열로 공동체 속에서 협력적 상생발전으로 진보하지 못하고 있다. **21세기 수평적인 통합성이 높아지는 플랫폼 경제 시스템**은 공감하고 공존하며 협력의 공간을 넓히는 연결성과 상호성을 요구하고 있다. 따라서 개인과 공동체의 상생발전을 위해서는 사회성과 상호성의 인문·사회적 가치가 개개인을 공동체 속의 시민으로서 진정성 있게 확장시키는 소프트웨어가 정착되어야 할 것이다.

셋째로 과학기술 시대를 맞아 **디지털 문명사회**에서 개인과 개인, 개인과 사회는 네트워크를 통해 상호작용할 다양한 기회가 열리고 있기 때문에 인간의 상호성과 사회성이 사이버 공간으로 확장되는 새로운 국면을 맞고 있다. 디지털 사회 기반의 확산에 따라 개개인을 공동체 속으로 더 개방하는 사회성과 소통하고 연결, 협력하는 상호성을 더 적극적으로 촉진시키는 생태계로 발전해야 할 것이다. 디지털 사회 속에서 전통적인 상호성의 공간이 좁아진다는 비판도 있지만, **개별화되는 인간이 공동체 속에서 소통하고 협력**

하며 상호작용하도록 상호성을 적극적으로 확장함으로써 개인과 공동체의 상생발전 문화가 시민사회에 건전하게 자리 잡도록 해야 할 것이다.

우리 사회는 사회적 미덕으로서 개인과 공동체의 상생발전에 동참하는 오랜 전통을 가지고 있었다. 상부상조(相扶相助)하는 마음, 동고동락(同苦同樂)하는 연민의 마음, 이웃사랑, 자선, 기부 등 아름다운 전통문화가 자리하고 있었다. 또한 국제적으로도 주목받는 개인과 공동체의 상생발전 사례로서 우리 사회를 근대화시킨 소프트웨어가 있다. 1970년대 초부터 범사회적으로 전개되었던 새마을운동은 개인과 공동체가 사회성과 상호성을 바탕으로 자조, 자립, 협동 정신을 실천하며 농촌, 지역, 도시의 상생발전을 이끈 근대화 운동이었다고 평가받고 있다.

4. 호혜적 협력을 향해

경제는 호혜적 협력관계인가? 마찰적 관계인가? **경제의 본질은 호혜적이다.** 경제를 거대한 분업체계와 가격 시스템을 기반으로 상호 협력하는 관계로 바라본 것이 자유시장경제의 전통이다. 경제학의 원전인 『국부론』에서 애덤 스미스는 **경제는 분업을 통해서 생산과 국가의 부(國富)를 증진시킨다**고 주장했다. 즉 상품의 가치(교환가치)는 노동에 의해 만들어지고(노동가치설), 노동의 분업을 통해 국부는 증가한다(분업론). 애덤 스미스는 핀 제조를 예로 들었다. 하루 혼자 핀을 만든다면 10명이 20개밖에 못 만드는 반면, 핀 공정을 18단계로 분업하여 만들면 하루에 10명이 4만 8,000개를 만든다는 놀라운 실증적인 분업 결과를 제시했다. 협력의 고리인 분업을 바탕으로 국부를 증진시킨다는 호혜적 협력의 분업론이다.[12]

나아가 애덤 스미스는 여러 국가의 부(Wealth of Nations)를 탐구하면서 국제적으로 국가 간 분업을 통해 자유롭게 무역을 함으로써 각국의 부를 함께 증진할 수 있다는 국제적 분업체계로 확장했다. 경제를 마찰적 관계로 보지 않고, 분업을 통해 상호 연결하여 이익을 추구하는 호혜적 협력관계로 본 통찰이었다. 애덤 스미스의 "각자의 이익 추구가 시장에서 보이지 않는 손에 의해 사회적인 공익(공공선)에도 부합된다"는 주장은 경제를 개개인의 이해관계를 넘어 호혜적 협력관계로 여겼다는 단초가 된다.

오늘날 반도체, 전기차, 배터리를 비롯한 인류문명을 진화시키는 모든 제품은 수평적 혹은 수직적 분업을 통해 생산된 소재, 부품, 장비들이 집적된 결과물이다. 예를 들면 반도체 공급체인은 복잡한 체인이 세계적으로 연결되어 있다. 하나의 칩을 만드는 데 6주 내지 8주를 생산주기로 하여 대개 1,200단계를 거친다고 한다. 칩 부품은 7만 km, 80개국 이상의 국경을 이동하여 조달된다고 한다.

이런 복합적인 분업을 협력적으로 연결시키는 것은 시장과 가격 시스템이다. 시장과 가격 시스템은 분업을 하는 각자가 최선의 제품을 만들어 서로 공존하면서 협력할 수 있게 한다. 수준은 낮은데 높은 가격으로 파는 제품은 퇴출되는 대신, 질이 좋고 가격대가 적정한 제품이 새롭게 시장에 진입하게 하는 선순환의 질서가 작동되도록 하는 것은 가격이라는 '보이지 않는 손'이다. 이런 점에서 시장과 가격 시스템은 경제를 호혜적 협력관계로 발전시키는 메커니즘이다.

경제가 호혜적 협력관계로서 지평을 획기적으로 넓힌 계기는 세계화라는 역사적 전환이었다. 독일 통일 이후 동서 냉전체제가 화해와 평화를 지향하면서 호혜적 협력의 문은 더 넓게 열렸다. 분업체계의 글로벌화, 글로벌화된 시장, 정보와 인적·물적 교류의 대(大)개방은 지난 30여 년 동안 세계적인 경제성장률을 높였고 물가는 더 안정되었다.

호혜적 협력관계

분업
체계

세계화

공급망

글로컬
협력

그러나 코로나 팬데믹을 겪고, 미·중 테크 경쟁과 러시아-우크라이나 전쟁 등 국제적 갈등과 충돌로 인해 세계화의 경제질서는 변환기를 맞고 있다. 국경 없이 세계 어느 곳으로나 인적 교류와 물적 교역이 이루어지는 세계화의 흐름은 코로나 팬데믹의 터널을 거치며 그 흐름이 막히고 고장 나게 되었다. **경제질서가 세계화로부터 다양한 공급망 중심으로 재편되면서 호혜적 협력관계는 글로컬 (glocal) 협력관계로 재조정되는 상황에 처해 있다.**

한국 경제는 구조적으로 해외 의존도가 매우 높다. 앞으로 해외 의존을 다변화하고 다층화하는 호혜적인 국제협력은 한국 경제가 해결하지 않으면 안 될 과제이다. 최근에 한국 경제의 호혜적인 협력의 지평을 인도, 중동, 아세안, 동유럽, 남미 등으로 넓히고 있는 것은 선진국 경제의 협력망을 다변화하는 기반이 될 것이다. 국제적인 보편적 가치와 공정한 질서를 견지하고, 글로컬, 지경학적으로 호혜적인 협력을 심화시킴으로써 선진국 경제의 협력적 소프트웨어를 공고히 해야 할 것이다.

5. 경쟁과 협력이 공존하는 시장경제의 조화

(1) 민주적·시민적 시장경제

두터운 경제가 주목하는 **선진국 경제의 시장경제**는 시장이 상품을 거래하는 경제활동의 장(場)을 넘어, 인문·사회적인 측면에서 사회적인 관계를 맺는 인간적인 상호성과 시민들이 참여하여 공동선을 추구하는 시민성이 모두 작동해야 할 공간이다. 시장은 상품이 거래되는 장소인 동시에 시민들이 상호적인 관계를 맺는 공간이기도 하다. 전통적인 시장경제에 대한 인식에 민주적이고 시민적인 속성을 보완해야 할 필요가 있다. 이런 점에서 **시장경제는 이기적**

인간을 전제로 경쟁을 바탕으로 하지만, 개인을 넘어 공동체 구성원으로서, 그리고 시민으로서 상호 협력하며 공동선을 추구하도록 인문·사회적인 요소를 시장경제에 접목할 때 경쟁과 협력이 공존하는 시장경제로 발전할 수 있다. 경쟁과 협력이 공존하는 시장경제라야 다원적이고 민주적인 경제·사회를 포용할 수 있다.

선진국 경제의 소프트웨어로서 시장경제는 자유로운 경제활동의 기회를 열어주는 자본주의 경제의 기반이요, 인간과 사회를 연결해주는 민주적이고 시민적인 협력체계로 발전해야 한다는 점을 강조하고 싶다. 시장경제의 축제처럼 열리는 세계 전시회나 박람회가 좋은 사례이다. 매년 1월 미국 라스베이거스에서 열리는 **소비자 전자제품전시회**(CES), 독일 하노버에서 매년 열리는 **하노버 산업박람회**(Hannover Messe)는 최첨단 기술 제품을 선보이는 경쟁의 장인 동시에 미래 새로운 문명사회를 열어가는 협력의 장으로서 기업인들과 전문가, 그리고 활용자로서의 시민들이 참여하는 자유와 기회의 민주적인 소통의 공간이다.

애덤 스미스가 바라보는 시장 역시 개개인이 이기심을 바탕으로 자신의 이익이나 목적을 추구하더라도 시장에서의 경쟁을 통한 교환은 서로에게 이익이 돼서 성사되기 때문에, 이런 상호 교환행위가

모여서 사회 전체적인 이익을 증진시키는 결과를 가져오게 된다고 보았다. 스미스는 "경제 행위자들이 자기 이익을 좇는 동기가 작동하지만, 시장 메커니즘의 '보이지 않는 손'은 인간의 자기 이익 추구를 사회적으로 복지를 증진하도록 유인한다"고 강조했다. 시장에는 이중적 속성이 있다. 본질적으로 시장경제는 경쟁을 기반으로 하지만, 위기를 해결해나갈 수 있는 강력한 협력의 수단이기도 하다.

나아가 **시장경제는 자유와 기회가 살아 숨 쉬는 민주적 공간이어야 한다.** 개인으로서, 시민으로서, 그리고 소비자로서, 생산자로서 선택할 자유와 기회는 시장경제가 지켜야 할 가치다. 선택할 자유와 기회는 시장에서 수요자나 공급자로서 역할을 하면서 상호협력을 이끌어내기 때문이다. 수요와 공급의 법칙하에서 시장의 균형은 쌍방의 협력이 이루어질 때 가능하다. 자유로운 시장경제는 상호 협력의 기회를 넓히고 정치와 정부로부터 규제와 강제를 줄일 수 있기 때문에 **밀턴 프리드먼**은 **"경제적 자유는 정치적 자유의 필수불가결한 조건이다"**라고 했다.

(2) 경쟁과 협력의 보완적 가치

경쟁과 협력은 상호 보완적이며 상승효과를 발휘한다. 경쟁이 치

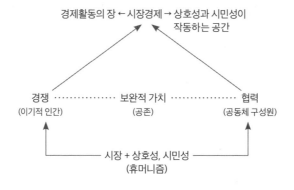

경쟁과 협력이 공존하는 시장경제

경제활동의 장 ← 시장경제 → 상호성과 시민성이
작동하는 공간

경쟁 ············· 보완적 가치 ················ 협력
(이기적 인간)　　　　 (공존)　　　　　(공동체 구성원)

시장 + 상호성, 시민성
(휴머니즘)

열할수록 협력은 필요하다. 협력의 공간이 없는 경쟁만으로는 멀리 갈 수 없다. 고로 협력은 경쟁이 있을 때 좋은 열매를 맺는다. 경쟁이 없는 협력은 담합으로 갈 수 있다. 따라서 **경쟁이 치열하면 할수록 협력도 개방적으로 이루어져야 시장경제는 공정하게 작동할 수 있다.**

인간은 경쟁을 통해 개인의 자아실현과 경제적 가치를 높이는 동시에 공동체 구성원으로서 협력을 통해 공동선을 행하는 시민이기도 하다. 아울러 시장경제에서 이루어지는 협력은 경제 발전과 인류 진화를 이끈 거대한 연결이며 가치사슬이다. 개인으로서 시장에 참여하면서 또한 공동체 속의 시민으로서 참여하도록 경쟁의 축과 협력의 축이 공존할 때 시장경제는 화합과 번영된 사회를 가져온다. 이런 점에서 시장경제의 소프트웨어로서 경쟁과 협력은 배타적이지 않고 공존해야 하는 보완적인 가치다.

시장경제에서 자유롭고 공정한 경쟁은 공평한 경쟁기회와 함께 경쟁적인 시장구조를 바탕으로 펼쳐진다. 공정하지 않은 경쟁은 탐욕과 독과점을 부추겨 시장과 충돌하고 시장실패를 가져온다. 이렇듯 실제 시장은 혼재된 시장의 모습으로 표출되는 경우가 많다. 앞으로 시장경제가 공정한 경쟁과 신뢰를 높이는 데 부합하도록 설계되는지를 정부의 정책과 제도로써 지속적으로 조율해야 할 필요가 있다.

시장경제에서 개인의 이익 추구가 공익을 위한 공동선으로 이어지게 하는 협력은 호혜적인 협력을 바탕으로 한다. 우리는 경쟁에만 치우쳐 개인의 사익을 추구하는 이기적인 시장경제가 시장실패를 유발하는 경우를 많이 보아왔다. 협력이 없는 제로섬 경쟁이나 파괴적 경쟁은 사회적 갈등을 부추기고 사회적 통합을 약화시킨다.

따라서 자유로운 경쟁이 제한을 받거나 경제활동에 공평한 기회가 주어지지 않는 비민주적인 시장 메커니즘 하에서 시장경제는 생명력을 잃게 된다. 한편 경쟁은 활발한데 협력의 기반이 침하되면 시장에서의 경제활동이 이기심의 덫에 걸려 공동선으로 나아가기가 어렵게 된다. 이런 점에서 **경쟁 속에서 협력이 공존 (coopetition)하지 않으면 사회가 추구하는 공동선을 지향하는 시장경제는 제대로 작동되기 어렵다.**

요컨대 시장경제가 상품을 교환하는 물리적 공간으로 국한되지 않고, 개개인의 이기적인 경제활동이 공동체 시민으로서 공동선을 이루기 위해 경쟁과 협력이 공존하도록 민주적인 질서가 작동해야 선진국 경제로 발전할 수 있을 것이다.

6. 자유, 공감, 결속의 시너지

(1) 도덕과 공정에 기반한 자유

개인의 자유와 사회적 결속은 서로 충돌한다고 인식되기도 한다. 이것은 개인과 사회를 분리해서 보고 있기 때문이다. 휴머니즘은 인간의 존엄성에 바탕을 둔 자유의 가치와 사회적 행복을 위한 결속의 가치를 함께 구현해가길 바란다. 탐욕과 개인주의는 만연한데 도덕감정으로서 공감과 인의(仁義)의 공간이 축소되면, 사회적 결속을 위한 접착력은 약화되고 공동체의 갈등과 분열의 골은 깊어진다.

　신자유주의의 대부로서 1974년 노벨 경제학상을 수상한 **프리드리히 하이에크**는 "**사람들은 자유를 바탕으로 많은 목표를 달성할 수 있기에 자유를 갈망한다**"고 했다. 자유를 바탕으로 사회적 공감대를 넓혀 공동체의 결속으로 시너지를 촉진시키는 자유의 가치는 무엇인가? 아무렇게나 행동하는 방종이나, 사익을 위해 지켜야 할 규칙과 법을 어기는 탐욕이나 무책임한 행동은 자유의 범주를 벗어난다. **자유에는 권리와 책임, 정직과 배려를 좇는 도덕적 가치와 평등과 인권을 지향하는 공정의 가치가 내포되어 있다.** 자유는 도덕과 공정에 침묵하거나 일탈이 아니다.

　자유가 품고 있는 가치 중 자유와 평등의 관계에 특히 주목해볼 필요가 있다. 민주주의와 사회주의 사이에 자유와 평등의 관계는 극명한 대조를 보인다. 하이에크는 "**민주주의는 자유를 기반으로 평등을 추구**하는 반면, 사회주의는 통제와 예속에서의 평등을 추구한다"고 강조했다.[13] 자유민주주의는 자유를 확장시키며 평등의 가치를 발전시킨다.

　자유주의를 대표하는 **존 스튜어트 밀**은 위대한 고전 『**자유론**』

에서 자유의 가치를 지키기 위해 자유의 고유한 영역을 규정함과 동시에 해악의 원칙을 제시했다. "자유의 고유한 영역으로서 첫 번째 자유는 의식의 내적 영역으로서 양심의 자유, 사상과 감정의 자유, 의견 발표의 자유와 출판의 자유가 있다. 두 번째 자유는 타인에게 해악을 불러일으키지 않는 한 자신의 기호를 즐기고 목적을 추구할 자유이다. 세 번째 자유는 개인 간 결사의 자유로 규정했다."[14] 존 스튜어트 밀은 생애 그리워했던 연인(해리엇 테일러)과 결혼하면서 자유론을 완성했다. 자유론에 담긴 그의 자유에 대한 신념

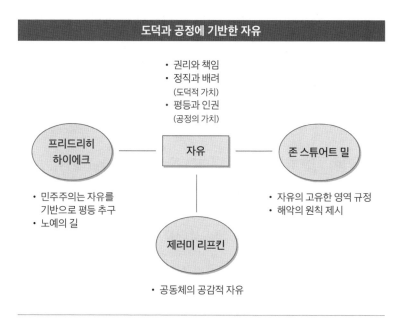

도덕과 공정에 기반한 자유

- 권리와 책임
- 정직과 배려
  (도덕적 가치)
- 평등과 인권
  (공정의 가치)

프리드리히 하이에크 — 자유 — 존 스튜어트 밀

- 민주주의는 자유를 기반으로 평등 추구
- 노예의 길

제러미 리프킨

- 공동체의 공감적 자유

자유의 고유한 영역 규정
해악의 원칙 제시

이 휴머니즘을 바탕으로 한 인간애와 사랑이 깊게 녹아 있음을 읽을 수 있을 것이다.

한편 밀은 개인의 자유를 침해할 수 있는 유일한 근거로 '**해악의 원칙**', 즉 "**사회는 다른 사람한테 해악을 끼치지 않는 범위 내에서 개인한테 최대의 자유를 허용해야 한다**"는 원칙을 제시했다. 살아가면서 해악의 원칙에 입각해서 지켜야 할 의무는 "다른 사람의 이익을 침해하지 않는다는 것"과 "사회나 그 구성원을 해악과 간섭으로부터 보호하는 과정에서 야기되는 노동과 희생을 개개인이 감당하는 것"이다.[15] 이것은 개인의 자유에는 사회나 구성원으로부터 책임이 수반된다는 것을 의미한다. 따라서 밀은 개인의 자유가 자기 자신뿐만 아니라, 타인에게도 영향을 미칠 수 있다는 점에서 개인적 자유가 사회적 행복을 누리기 위한 수단으로 받아들였다.[16]

『공감의 시대(The Empathic Civilization)』를 저술한 경제사회학자 **제러미 리프킨**은 "근대적 의미의 자유와 평등과 구별되는 공감적 자유와 평등이 온다"고 말한다. 그리고 "근대의 자유가 자율성에 근거하여 냉정하고 자족적인 상태를 추구한다면, 공감적 자유는 우정과 애정과 소속감에 무게가 실린다"며, 공동체 속에서 발현해야 할 공감적 자유를 강조했다.[17]

따라서 인류가 추구해온 보편적 가치 중 자유는 인간답게 살아가는 근원적이고도 중요한 가치다. 하지만 그 자유의 가치를 유지하고 지키는 데에는 도덕과 공정, 그리고 권리와 책임이 함께 포함되어 있다. 선진국 경제의 소프트웨어로서 도덕과 공정에 바탕을 둔 진정한 자유의 가치와 함께 공동체에서 공감적 자유를 지키는 선진 시민의식과 사회적 연대를 지속적으로 다져가야 할 것이다.

(2) 결속 회복

결속의 가치는 자유와 인간에 대한 존엄성을 기반으로 개인과 개인 간의 관계뿐만 아니라 공동체를 호혜적 협력으로 이끈다. 사회적 결속은 우리가 함께 공존할 수 있도록 접착제 역할을 한다. 작금의 우리 사회, 특히 정치발(發) 갈등과 분열이 결속의 가치를 바닥으로 떨어뜨리고 있다. **편 가르기가 아닌 '사회적 결속 회복'이 그 어느 때보다도 절실하다.**

보편적으로 사회적 공감의 지평이 넓은 사회는 사회적 결속이 강한 편이다. 결속의 바탕이 되는 공감의 회로가 어떻게 진보해왔는가, 진화론적인 관점에서 본 진화심리학적 측면과 인간을 감정을 이입하는 종(種)으로서 인식한 공감문명 측면에서 논의해보자.

세계적인 심리학자 스티븐 핑크는 "진화심리학적인 측면에서 오랜 기간 동안 진행되어온 다윈주의적 적응과 인류의 진화는 동정, 신뢰, 감사, 수치심, 죄책감, 용서, 의분 같은 도덕감정, 즉 공감의 도덕을 선택했다. 진화심리학은 우리를 공동체 속에서 사회적 동물이게 하는 도덕감정에서 공감하는 충동이 발생한다"고 보았다.[18] 이런 점에서 진화심리학 측면에서 도덕감정으로서 공감은 순간적이거나 일회성이 아니라 공동체 속에서 인간이 사회적 존재로서 활동하고 함께 공존하며 진화하는 과정에서 습득한 지혜라고 받아들였다.

한편 **제러미 리프킨**은 "우리는 기본적으로 감정을 이입하는 종으로서 신경회로에 공감 충동이라는 특별한 자질이 연결된 축복받은 종이다. 공감 충동은 유연하고 무한한 확장성을 자랑한다. 이 희귀하고 소중한 속성은 진화하고 후퇴하고 다시 부상하기를 거듭했다"[19]면서 인류문명의 발전을 인간의 본성인 공감의 확장 과정으로 받아들였다. 인간의 공감 뉴런을 거울 뉴런(mirror neuron)이라고 표현하면서 "여러 종에서 인간을 다른 개체의 상황을 자신의 상황처럼 느끼고 경험하게 만든다"고 했다. 나아가 리프킨은 "앞으로 사람들이 타인과 협력하고 공감하는 시대가 열리고 확장되는 공감의 문명으로 전환된다"고 예측했다. 미래는 경쟁의 시대를 넘어 협력의 시대로, 그리고 공감해야 공존하는 공감의 문명으로 전환을 강조했다.[20]

요컨대 인류는 지금까지 오랜 기간 적응해오면서 공감의 도덕을 택해왔다. 앞으로 공감은 연민과 동정과 같은 관념적인 정서에 머무르지 않고, 결속력 회복을 위해 적극적으로 행동하며 참여하는 사회적 공감, 그 확장성으로서 공감의 문명으로 확산해가야 할 소프트웨어이다.

(3) 공감과 엔트로피의 역설

리프킨 교수는 앞으로 공감이 확장되는 논거를 "우주의 에너지 총량은 일정하며 **엔트로피**(entrophy, 못 쓰게 되는 에너지 손실, 무질서 정도)는 계속 증가한다"는 물리학의 열역학 법칙에 두었다. 지구가 황폐화되고 코로나와 같은 질병으로 야기되는 인류문명의 파괴가 엔트로피 증가로 이어지는 등 취약점이 많이 표출될수록 역설적이게도 평화와 안전에 대한 공감의 시대, 나아가 공감의 문명으로 전환을 가져온다고 내다봤다.[21] 게다가 또 다른 엔트로피의 유형으로서 무질서 정도가 심화되거나 질서가 소실되는 등 엔트로피가 증가

결속 회복	
- 결속의 가치: 자유와 인간 존엄의 바탕 위에 공동체의 호혜적 협력과 공존 이끄는 접착제	
- 갈등과 분열의 시대 → 사회적 결속 회복 절실 → 인문·사회적 가치 접목	
- 사회적 결속의 기반: 사회적 공감	
진화심리학	공감문명
스티븐 핑크	제러미 리프킨
- 인류는 적응, 진화 과정에서 사회적 존재로서 공감의 도덕을 선택했음	- 인간은 공감하는 감정을 이입하는 종 - 협력, 공감하는 시대의 공감문명으로 전환 예측
- 사회적 공감 확장 및 공감문명 확산 → 사회적 결속 회복	

되면 도덕심이나 윤리적인 공감이 힘을 얻게 된다. 이런 점에서 리프킨은 엔트로피 증가와 공감의 확산 사이에 상호 의존적인 사회적 흐름에 대한 통찰을 물리·화학·생물학적인 관점에서 찾았다.

공감의 확장은 약해지고 있는 사회적 결속을 회생시킬 긍정적인 사회생태이다. 그러나 현실적으로 공감을 가로막는 상황을 냉정하게 짚어봐야 한다. 성치적 갈등, 이념 대립, 펜덤, 양극화, 세대 차이, 젠더 차별 등 공감의 확장성을 제약하는 **정치·경제·사회적으로 부정적인 엔트로피들**이 쏟아지고 있는 것도 사실이다. 사회적 공감을 넓히고 공동체 결속력을 높여가기 위해서는 이러한 엔트로피를 완화하지 않으면 안 될 단계에 이르렀다.

공감과 엔트로피
- 엔트로피: 못 쓰게 되는 에너지 손실, 무질서 정도
- 정치·경제·사회적 엔트로피 완화 → 사회적 공감 넓혀 사회적 결속력 높여야
- 과학기술 발전으로 디지털화 가속 → 사회적 공감회로, 사회적 대화 채널 확장

여기에 정치·사회적으로 도덕감정, 개인과 공동체의 상생발전으로서 상호성을 넓히고, 경제적으로 경쟁과 협력이 공존하도록 인문·사회적 기반을 확산하면서, 문화적으로 성숙한 합의문화를 도출하는 사회적 대화를 활발히 전개하는 것이 사회적 결속을 증진시키는 데 바람직하다. 요컨대 개개인의 자유와 권리가 사회적 공감 확장의 회로를 통해 공동체의 연대와 결속으로 이어지는 변증법적 경제·사회 발전을 이루는 것이 선진국 경제의 지향점이다.

선진사회에서는 지역을 기초로 경제·사회적으로 연대와 결속을 독려하고 지원하는 다양한 활동이 전개되고 있다. 예를 들면 파리시는 경제·사회적 연대 프로그램으로서 실행 가능한 활동을 발굴하여 경제·사회적 연대에 참여하는 경제주체들을 독려하고 지원하여 지속 가능한 경제 생태를 추구하고 있다. 연대 카페를 설립하고, 지속 가능한 고용의 관점에서 기업과 예비 근로자를 매칭해주는 고용 네트워크 플랫폼을 가동하고도 있다.[22]

선진국 경제 소프트파워

경제 그 이상의 인문정신과 사회적 가치 접목

한국 경제 7대 소프트파워

사회적 공감, 이익을 보면 의로운지를 생각하는(見利思義) 기업가 정신(이병철 회장, 정주영 회장),

탐구와 끊임없는 갈고닦음에서 이룩되는(切磋琢磨) 혁신(이건희 회장),

근본 원리를 파고들며 사물의 이치를 파헤치는(格物致知) 근성(이병철 회장, 이건희 회장),

기본을 충실히 한 다음 색을 칠해야 한다(繪事後素)는 창조(이건희 회장, 박태준 회장),

먼저 큰 것을 분별해내는(先立其大) 통찰(이병철 회장, 정세영 회장),

배우고 익히는 지적 열정(學而時習)

지키고 다져야 할
한국 경제 소프트파워

Economy Dignity

한국은 산업화 30년, 민주화 35년의 양적인 성장의 역사를 바탕으로 21세기에는 번영하는 선진국 역사로 전환하지 않으면 안 될 문명사적 전환기에 있다. 넘어야 할 산도 높다.

한국 경제가 경제적 가치를 기반으로 하드웨어를 구축해오는 과정에서 인문·사회적 가치로서 소프트파워를 경제·사회 발전에 접목하는 데 있어서 소홀히 해오지 않았는지, 성찰과 함께 재조정하지 않으면 안 될 것이다. 이런 연장선상에 경제적 가치와 인문·사회적 가치를 결합시킬 교집합으로서 소프트파워를 보강해야 한다는 데 초점을 맞췄다.

제2부에서는 선진국 경제로서 지키고 다져야 할 소프트파워를 점검할 것이다. 한국 경제에 대한 성찰과 함께 7대 소프트파워를 제안하게 된다. 여러 조사 결과에 의하면 도덕성을 바탕으로 절제하며 사회적으로 공감하는 지평이 넓은 공동체일수록 경제발전과 공동체 화합도 올라간다고 한다.

미래학자 제러미 리프킨(Jeremy Rifkin) 교수는 미래에는 '공감의 시대'가 열리고 '공감의 문명'으로 전환된다고 예측했다. 우리 사회도 갈등과 분열, 양극화가 위험수위에 다다르고 있으나, 절제하며 공감하는 마음, 위로와 포용은 점점 얇아지고 있다. 우리를 바라보는 대내외 시각은 한국 사회가 배타적이고, 타협과 협력, 그리고 공감을 이뤄내는 소프트파워가 낮은 수준에 머무르고 있다는 것이다. 이러한 지적은 선진국 경제에서 소프트파워를 보완하지 않으면 안 됨을 알려준다.

사회적 공감이 좁아지면 공존하는 공간도 축소될 것이다. 사회적 공감을 확장하고 공감경제의 기반을 확충하는 소프트파워를 보강하는 데 있어서 인문정신과 사회적 가치를 접목하는 게 바람직하다. 이익을 보면 의로운지를 생각하는(見利思義) 기업가 정신(이병철 회장, 정주영 회장), 탐구와 끊임없는 갈고 닦음에서 이룩되는(切磋琢磨) 혁신(이건희 회장), 근본 원리를 파고들며 사물의 이치를 파헤치는(格物致知) 근성(이병철 회장, 이건희 회장), 기본을 충실히 한 다음 색을 칠해야 한다(繪事後素)는 창조(이건희 회장, 박태준 회장), 먼저 큰 것을 분별해내는(先立其大) 통찰(이병철 회장, 정세영 회장), 배우고 익히는 열정(學而時習)의 소프트파워를 고전을 바탕으로 인문·사회적 가치와 연결하였다.

제1장

◆

한국 경제 성찰

한국 경제가 세계 경제 10위국으로 성장한 동력은 우수한 인적 자원과 국민들의 '하면 된다, 해보자'는 열정, 그리고 물적·인적 자원을 결집시킨 리더십에 있었다는 데 공감할 것이다. 국제적으로 우리 국민의 창의성과 수월성은 오늘날 인재·기술 강국으로뿐만 아니라 K-문화 물결로 확산되고 있다. 실로 인재보국(人材報國)의 산 역사가 아닐 수 없다. 2차 대전 이후 지구촌에서 인재보국의 사례는 이스라엘, 대만, 싱가포르 등 소수에 불과하다.

한국은 산업화 30년, 민주화 35년의 양적인 성장의 역사를 바탕으로 21세기에는 번영하는 선진국 역사로 전환하지 않으면 안 될 문명사적 전환기에 있다. 넘어야 할 산도 높다. 장기 저성장으로 인한 성장의 한계 상황, 저출생, 고령화, OECD 회원국 중 삶의 만족도 바닥권, 노동력 빈곤화, 사회 전반적인 양극화의 심화, 갈등과 분열의 대혼란, 개인적 가치에 밀려난 공동체 가치 등 가야 할 선진국의 길은 걸어온 길보다 험하다.

한국 경제가 경제적 가치를 기반으로 하드웨어를 구축해오는 과정에서 인문·사회적 가치로서 소프트파워를 경제·사회 발전에 접목하는 데 있어서 소홀히 해오지 않았는지, 성찰과 함께 재조정하지 않으면 안 될 것이다. 이런 연장선상에 **경제적 가치와 인문·사회적 가치를 결합시킬 교집합으로 소프트파워를 보강해야 한다는 데 초점을 맞췄다.**

글로벌 중추국가로서 선진국 경제로 도약하기 위한 소프트파워는 기본을 든든히 쌓는 데서 나온다고 본다. **"기본이 바로 서면 나아가는 길이 생긴다**(本立道生)"(『논어』「학이」)는 교훈처럼 기본, **특히 정신근육을 튼튼히 하는 것**은 한국 경제의 소프트파워를 강하게 할 것이다. 이제 선진국 경제로서 견지해야 할 인문·사회·경제적인 기본, 즉 정신근육으로서 7대 소프트파워를 조명해보고자 한다.

◆

제 2 장

한국 경제의 7대 소프트파워

1. 공감의 도덕

(1) 공감의 사회적 확장[1]

공감의 도덕은 인문·사회·경제를 관통하여 협력과 포용, 정의와 공정의 지평을 넓히는 소프트파워이다. 세상은 티끌처럼 흩어지고 몰염치한 모습에서 헤어나지 못하는 경우도 많다. 공감은 편향된 감정에 대해 도덕적이고 이성적인 양심의 반응이다. 한국 경제는 사회적으로 공감하는 도덕을 더 넓게 확장해야 한다. 인간은 자기중심적이고 경쟁적으로 사익(私益)을 추구하며 공동체의 공익(公

益)에 역행하는 경우도 있지만, 사람다운 삶과 조화로운 사회질서를 갈구하는 본성도 품고 있다. 애덤 스미스가 강조한 공감은 이기심이나 이타심과는 결이 다른 인간의 본성인 동시에 자발적이고 사회적인 감정으로서 공동체 구성원으로 도덕적인 판단을 바탕으로 열린 시각으로 생각을 공유하는 감성체계이다.

무엇보다 공감은 객관성과 도덕성을 바탕으로 해야 한다. 다른 사람들의 처지와 감정을 객관적이고 도덕적으로 판단하면서 사회 구성원으로서 연대를 통해 형성되는 감정이 사회적 공감 혹은 공감의 도덕이다. 이런 점에서 사회적 공감은 분별력 없이 즉흥적으로 나누는 동료감정이 아니라, 연민과 배려, 조화와 공존을 포용하는 객관적이고 도덕적으로 조율된 도덕감정을 말한다. 남의 아픔을 함께 아파하고, 정직하고 옳은 것을 인정하며, 기쁨을 함께 나누는 사회적 공감의 본성은 다른 사람들과의 사회적 관계를 통해 행동

공감의 도덕

- 공감의 도덕: 협력과 포용, 정의와 공정의 지평을 넓히는 소프트파워

- 공감의 속성
• 공감은 객관성과 도덕성을 바탕으로 한다.
• 공감은 인간의 본성에서 사회적으로 확장된다.
• 공감이 자생적인 규범으로 진화되어 정의와 공정의 공동체 규범으로 발전해왔다.
• 공감은 인간을 폐쇄성에서 개방성으로, 이기적 자아에서 공동체 구성원으로, 개인으로부터 시민으로 지향하게 한다.

으로 체험하게 된다.

공감은 인간의 본성에 내재해 있으면서 사회적으로 확장되는 속성이 있다. 다른 사람들과 공감하고 싶어 하는 인간의 본성으로 도덕적 바탕 위에서 형성된 초기 단계의 정서적인 공감은 여러 사람이 공감의 띠(벨트)에 적극적으로 참여하면서 사회적인 공감대로 확장되는 전파 과정을 밟게 된다. 이런 공감의 사회적 확장이 자생적인 규범으로 진화되어 공동선으로 발전한 사례가 정의와 공정, 그리고 조화로운 질서이다.

정의와 공정은 법과 규율로 제도화되기 전에 인간의 본성인 도덕감정으로서 공감이 사회적으로 확장되어 공동선을 위한 정의롭고 공정한 사회규범으로 재생성되는 진화와 적응의 과정을 거쳐온 것이다. 이런 공감의 진화 과정을 거쳐 공동체를 유지하는 사회적 가치로 발전해온 정의와 공정은 그 후 근대 국가의 법과 규범으로서 제도적인 체계 속에 담겨졌다.

공감의 사회적 속성은 인간을 개별적인 폐쇄성에서 상호적인 개방성으로, 이기적인 자아에서 공동체 구성원으로, 그리고 개인으로부터 시민으로 옮겨놓는 컨베이어벨트 역할을 한다. 또한 다양한 감정이 여과되며 형성되는 사회적 공감의 영역이 확산될수록 개인의 가치와 공동체 가치가 함께 공존하고 공동선을 지향하는 정의와 공정의 기반이 넓어질 것이다. 나아가 공감에 전파력이 더해져서 공감 충동이 확장되면 사회적으로 소통과 협력을 넓히고, 사회적인 연대와 결속을 강화시키는 기반이 될 수 있다.

따라서 공감하는 도덕감정은 개개인을 사회와 연결시켜 서로 관계를 맺고 상호 교류, 협력하게 함으로써(상호성, 관계성) 개인주의와 공동체의 공동선이 공존하게 하는 **포용적 기반**이 된다. 또한 도덕감정은 개인과 사회를 연결하고 공동체 구성원으로 관계성을 창출한다. 인간의 자발적인 공감이 사회적인 공감적 참여로 확대되면, **민주사회의 결속력**을 높이게 되어 보다 성숙한 민주주의로 진보하게 될 것이다.

(2) 공감경제 기반 확충

앞에서 주목한 바와 같이 경제·사회 사상가이자 미래학자인 제러미 리프킨은 '미래에는 공감의 시대가 열리고 공감의 문명으로 전환된다'고 예측했다. 그 이유는 **사회적으로 공감해야 서로 공존할 수 있고, 사회적 공감의 확장이 문명을 진보시켜왔기 때문이다.** 그뿐만 아니라 도덕감정으로서 사회적 공감을 확장시키는 것은 사회 발전과 공동체 화합의 기반이 된다.

사회적 공감 능력이 약한 경제는 반(反)자유주의, 빈부격차, 양극화, 분열과 갈등으로 통합과 결속의 기반을 약화시키고 균현 잡힌 공동체 발전을 저해한다. 공감 능력이 약화될수록 경제·사회적 공백은 이념이나 팬덤 혹은 국가 개입으로 메워지기 때문에 경제적 자유를 후퇴시키고, 분열과 갈등은 증폭될 수밖에 없다. 우리도 사회적 공감이 약해지고 공감 참여가 축소되면서 반(反)시장, 반(反)기업, 반(反)지성의 경제 생태계가 확산되었다. 그 결과 경제·사회적 갈등과 충돌, 분노와 혐오가 증폭되었다.

점점 개인화되고 있는 사회심리가 확산되고 있는 상황인 만큼 공감경제 기반의 확충에 적극적인 관심과 노력이 필요하다. 소외된 개개인이 아니라, 사회 구성원으로서 상호 연결하고 협력하도록 사회성과 상호성을 확대하는 노력이 활발해져야 한다. 그래야 저출

공감경제 기반 확충
- 미래학자 제러미 리프킨: 미래에는 '공감의 시대', '공감의 문명'으로 전환
- 사회적 공감 능력이 약한 경제: 반자유주의, 양극화, 분열과 갈등, 반시장, 반기업, 반지성 경제 생태계 확산
- 개인화되고 있는 사회심리 확산 　→ 공감경제 확산 필요성 　→ 경제·사회 각 분야 다양한 '사회적 공감 플랫폼' 활성화

생, 빈부격차, 양극화 문제도 완화될 수 있을 것이다. 또한 공동체 구성원으로서 자신을 공동체로 확장하고 공감적 참여를 높일 때 경제·사회적 연대와 결속력이 강화되고, 개인과 공동체가 상생하며 발전할 수 있을 것이다. **자유를 바탕으로 공동체 속에서 공감적 참여를 적극적으로 도출하여 결속의 가치사슬을 회복해야 한다.**

되돌아보면 한국 경제는 산업화 이후 지난 60년 동안 겪었던 위기 국면을 극복할 때 도덕감정으로 사회적 공감이 형성되면서 경제·사회적으로 연대하고 결속시키는 접착제가 되었다. 사업화 초기 단계에 '가난을 이기고 잘살아보자'고 절규하는 삶의 공감, 외환위기를 맞아 '나 스스로 국가위기에 동참해야 한다'는 금 모으기에 공감적 참여, 코로나 팬데믹 상황에서 공동체 건강을 위해 적극적으로 사회적 방역규칙을 준수한 시민적 공감과 참여, 2023년 8월에 전북 부안 새만금에서 열린 제25회 세계스카우트잼버리 대회 때 폭염에 지친 153개국 참가자들을 돕기 위한 주민, 종교계, 의료계, 기업, 정부, 지방자치단체 등 공동체의 헌신적인 공감적 참여는 도덕감정의 앙상블이었다.

하지만 앞으로 사회적 공감의 도덕감정은 위기 때만의 앙상블이 아니라, 공동체 속에서 공감하는 문화로 확산, 재생성되어야 한다.

과학기술의 발전과 함께 인류문명은 현실과 가상세계가 연결되고 상호작용하는 연결성과 관계성이 일상화되어 서로의 삶이 긴밀하게 연관되고 있다. 나아가 인공지능의 급속한 발전은 인류의 삶과 경제를 기계, 사물, 로봇과 상호 의존성을 높이고, 새로운 물리적 공감의 도메인을 열어가고 있다.

공감대를 넓히고 공감적 참여를 확장할 수 있도록 경제·사회 각 분야에 다양한 '**사회적 공감 플랫폼**'을 **활성화**해야 할 것이다. 그리고 사회적 소통과 대화, 시민들과 전문가들이 함께 참여하는 토론과 공청회 등 공감대를 넓힐 사회적 기회와 함께 공감 능력을 촉진시키는 경제·사회적 기반을 적극적으로 조성함으로써 공감 문명 시대로 발전해야 할 것이다.

정부는 경제정책의 설계 단계부터 공감적 참여를 도출하여 정책 공감대를 확장하고, 언론은 표출되는 문제들로부터 접점과 공감을 형성하는 공론의 장으로서 역할도 해야 한다. 공동체 구성원들이 시민으로 참여하면서 상호 공감하는 감수성과 공감에 대한 적응성을 높이는 노력을 통해 선진국 경제의 공감 기반을 확충해야 할 것이다.

2. 견리사의(見利思義)의 기업가 정신

경제는 개인의 이익과 국가의 부(富)를 물적 기반으로 하지만, 남을 배려하지 않고 인문·사회적 가치를 소홀히 하는 물적 가치만을 탐하면 사회는 혼란해진다. 『논어』에 보면 경제윤리를 바탕으로 하는 이익 추구가 개인과 공동체 모두에게 큰 이익을 가져다준다는 도덕률이 담겨 있다.

"이익을 보면 의로운지를 생각하라(見利思義)."(『논어』「헌문」)

사람다움을 추구하는 이익이 아니라 탐욕에 빠져 자기만을 위한 이익은 작은 이익(小利)이고, **타인과 공동체를 배려하는 의로운 이익은 큰 이익**(大利)이라고 했다(『논어』「자로」). 이익을 추구할 때 바르고 의로운 기준으로서 의(義)를 생각해야 한다는 것이다. 다른 사람을 배려하고(仁) 바르게 이익을 추구하는(義) 인의(仁義)의 인문정신이 기업가 정신으로서 경제에 접목되면, 개인과 공동체가 상생하며 건강한 사회로 발전할 수 있다는 뜻이다.[2]

『논어』에도 "부유하고 귀함은 모두 사람들이 원하는 것이다"(『논어』「이인」)라고 한 바와 같이 사람들은 누구나 부유함을 원한다. 그러기에 물질적인 이(利)와 인문정신으로서 의(義)는 충돌되는 경우가 많다. 이와 의의 충돌을 바로잡는 기준은 의로 이를 취함으로써 정의와 이익의 간격을 좁히는 것이다. 경세제민하는 경제적 가치를 확산하고, 상생과 공존하며 사회통합성을 높이기 위해 이익의 추구에 의로움을 생각하는 인문정신이 필요한 시대이다. 또한 『공자가어』에서 "재물이 있을 때는 곤궁할 때를 생각하여 베푸는 데 힘써야 한다"고 베풀고 배려하는 마음을 강조했다.

한국 경제 발전 과정에서 대기업과 중소기업을 일으킨 기업가 중에는 이(利)도 추구했지만, 사람을 중요시하며 국가와 사회의 장래를 내다보고 올바른 결단을 하며 의(義)의 철학을 실천했던 역사적인 기업가 정신이 있었다. **삼성을 창업하신 이병철 회장**은 사람 중심의 인재제일주의를 기반으로 기업이익(小利)보다 국가와 사회의 큰 이로움(大利)을 앞세운 견리사의(見利思義)의 기업가 정신으로 삼성의 미래를 열었다. '공수래공수거(空手來 空手去)'의 인생철학과 '사

견리사의(見利思義)의 기업가 정신	• 이익을 보면 의로운지를 생각하라. • 의로운 이익(큰 이익, 大利)을 품는 기업가 정신 • 이병철 회장과 정주영 회장의 견리사의의 기업가 정신

업을 일으켜 국가에 보답한다(事業報國)'는 공동체에 대한 신념은 **대리(大利)를 바탕으로 의(義)를 구현한 경세제민의 기업가 정신**이었다. 또한 **현대를 창업하신 정주영 회장**은 떨어진 구두를 신고 작업복을 입고 솔선근업(率先勤業)하면서 '시련은 있어도 실패는 없다'는 의(義)를 이뤄냈다. 자동차, 조선업, 건설업을 창업하여 세계적인 기업으로 발전하는 과정에 직면했던 **시련과 역경에 도전하면서 용기와 배짱, 견리사의의 기업가 정신**을 실천했다.

경제는 미래를 향한 도전과 창의를 통해 발전한다. 그 힘은 기업가 정신에서 나온다. 사람과 공동체를 사랑하는(仁) 동기와 바르고 의로운(義) 사명감이 있기 때문이다. '얻은 것을 보면 의로운지를 생각하는(見得思義) 기업가 정신'이 끊임없는 도전의 힘이 아니겠는가? 우리는 도전이 견리사의의 정신으로 무장될 때 좋은 결실을 가져오는 경우를 많이 보아왔다. 산업화의 생명줄이 된 경부고속도로, 포항제철, 그리고 21세기 세계 경제 10대 대국으로 도약시킨 반도체, 자동차, 조선, 이동통신 등 거대한 도전의 역사에는 대한민국 공동체와 인류 사회를 위한 의로운 이익을 생각하는 견리사의의 기업가 정신이 있었다고 생각한다.

21세기 한국 경제는 미래 인류의 삶과 번영을 위해 담대한 도전을 하고 있다. 첨단기술인 시스템반도체, 자율자동차, 신에너지, 배터리와 함께 인류의 생명을 위협하는 팬데믹 위기와 삶의 안전망에 대응하기 위한 바이오 산업, 인간의 대체 혹은 보완 수단으로서 인간의 역할을 확장할 로봇 산업, 빅데이터 사회의 핵심기술인 양자컴퓨팅 등 미래 첨단산업은 인류의 미래를 위해 큰 이익(大利)을 창출할 의로운 선택이 아닐 수 없다. **인의(仁義)의 인문정신에 기반을 둔 견리사의의 기업가 정신이야말로 한국 경제의 발전을 견인해왔고, 앞으로도 선진국 경제의 소프트파워로서 굳건히 견지해가야 할 도덕률이요 기업가 정신이다.**

우리나라 **헌법 제119조 1항**은 "대한민국의 경제질서는 개인과 기업의 경제상의 자유와 창의를 존중함을 기본으로 한다"고 밝혔다. 여기에는 개인과 기업의 자유로운 경제활동으로서 개인의 창의성을 발휘하고, 기업의 창조적인 혁신과 열정을 장려하는 기업가 정신을 보장하고 있다고 해석된다. 미래 산업에 창의적이고 혁신적인 기업가 정신이 분출되도록 더 과감하게 규제 개혁과 제도 혁신이 근본적으로 이루어진다면 선진국 경제를 앞당길 수 있을 것이다.

3. 절차탁마(切磋琢磨)의 혁신

혁신 엔진이 식으면 경제는 앞으로 나아갈 수 없다. 『시경(詩經)』에는 "군자(리더)는 뼈를 끊고 상아를 다듬는 듯(切磋, 절차) 배움에 열중해야(道學, 도학) 하고, 옥을 쪼는 듯 돌을 가는 듯(琢磨, 탁마) 수양(自修, 자수)해야 한다"[3]는 배움과 수양을 통한 혁신을 강조했다. 혁신은 배움을 통과하여 끊임없이 갈고닦는 데서 이루어진다는 것이다. **혁신의 가치는 겸손하게 배움에 몰입하여 기본을 철저히 파헤쳐 스스로를 갈고닦는 경지에서 창출된다**는 것을 말한다. 이런 점에서 절차탁마(切磋琢磨)는 연구개발을 바탕으로 경제의 기본을 갈고닦는 경제혁신의 정신으로 받아들여도 좋을 것이다. 『사피엔스(Sapiens)』의 저자인 유발 하리리(Yuval Harari)는 "무지(無知)의 인정이 진보(進步)의 가능성"이라고 강조했다.[4] 배움과 갈고닦음을 통해 익숙함과 고정관념을 깨고 벗어나야 진보적 혁신이 가능하다는 말이다.

혁신의 필요성이 늘 강조되어왔지만, 혁신을 이뤄내기란 쉽지 않다. 혁신은 기존 질서와 충돌되거나 이해상충을 일으키는 경우가 잦다. 그래서 혁신이 좌절되거나 용두사미가 되는 경우도 많다. 여러 이유가 있겠지만, 그 이유는 혁신 프로세스가 절차탁마의 탐구 정신을 바탕으로 하지 않고, 혁신의 당위성만 내세우고 밀어붙이기 식으로 진행되기 때문이다. 경제에서 혁신 엔진이 작동하려면 뼈와 상아, 옥과 돌을 절차탁마하는 과정과 인내가 필요하다. 왜 혁신이 필요한지를 겸허히 탐구해야 하고, 혁신이 필요한 부분을 쪼개고 분해하여 철저히 연마하는 정신으로 임해야 한다는 것이다.

세계적으로 성공한 기업인 중 반 이상이 공학 전공이 아니라는 사실은 잘 알려져 있다. 대표적인 예로 디지털 거래를 개발한 중국 알리바바 그룹의 마윈(馬雲) 회장은 영어를 전공했고, 공유경제로서 에어비앤비의 창업자인 브라이언 체스키(Brian Chesky)는 미술을 전공했다. 자율자동차를 창안하여 테슬라를 설립한 일론 머스크(Elon Musk)는 경제학과 물리학을 전공했다. 인문·사회학의 상상력으로 무장한 기업의 창업주들이 세계적인 혁신을 주도하고 있다는 사실은 창의적인 상상력을 바탕으로 철저하게 기본을 파고드는 절차탁마의 정신이 새로운 기술 발전의 동력이 되지 않았나, 새겨 봐야 할 대목이다.

지금은 기술혁신이 경제를 주도하고 있는 기술경제 시대이다. 한국 경제의 글로벌 경쟁력을 이끌고 있는 주요 제품들인 모바일폰,

절차탁마(切磋琢磨)의 혁신	• 혁신은 기본을 철저히 파헤쳐 갈고닦는 경지에 이르는 것 • 이건희 회장의 1993년 프랑크푸르트 선언 → 절차탁마의 혁신의 판을 바꾼 결단

반도체, 배터리, 철강, 자동차는 중간중간의 성취에 마무르지 않고 끊임없이 제품을 갈고닦는 절차탁마의 혁신정신을 바탕으로 한 기술혁신의 산물이다.

　이건희 회장은 선진 제품들을 샅샅이 분해해서 구조와 원리를 구명(究明)한 후 다시 조립하는 절차탁마의 탐구정신을 스스로 실행하면서 삼성의 끊임없는 혁신을 이끈 스토리는 탁마도학(琢磨道學)의 귀감이 되고 있다. 또한 올해 30주년이 되는 1993년 6월 7일 **독일 프랑크푸르트**(캠핀스키 호텔) **선언**은 이건희 회장께서 삼성 임원들과 밤을 지새우며 치열한 토론과 처절한 문제 공유를 통한 **절차탁마의 혁신정신으로 미래와 국가를 내다본 창조와 혁신의 판을 바꾼 신경영의 철학**이었다. 절차탁마의 혁신정신은 선진국 경제로서 혁신 관성을 지탱해갈 소프트파워이다.

4. 격물치지(格物致知)의 근성

근본 원리를 파고들며 사물의 이치를 파헤치는 근성은 경제의 판도를 바꾸는 소프트파워이다. 고전인 『대학(大學)』에서 "**사물의 이치를 규명하여**(格物) **완전한 지식에 이른다**(致知)"는 격물치지 (格物致知)는 경제에 임하는 근본 자세로서 핵심에 이르도록 탐구하는 근성, 즉 마음의 근육을 강조하고 있다. 이것은 경제 이치를 제대로 꿰뚫고 수준 높게 통찰해야 선진국 경제의 길로 들어설 수 있다는 깨우침이다. 중진국의 위상과 선진국의 궤도는 다르다. 격물치지의 근성으로 무장해야 선진국 경제 체질로 나갈 수 있다.

요즈음 진실 되게 이치를 규명하지 않고 잘못된 거짓 논리가 진실을 가장해서 가짜가 판을 치는 세상사가 많다. 단기 성과주의, 적당주의, 남의 탓으로 돌리는 무책임은 부실경제를 부추긴다. 사회도 경제도 격을 갖춰야 한다. 그것이 품격이다. 품격 있는 경제, 품격 있는 제품은 고급 브랜드와 평판으로 프리미엄 효과를 누리게 된다. 이치를 파고들어 통달하는 격물치지의 정신과 근성이 경제의 품격과 브랜드를 높인다.

격물치지의 근성은 장인정신과 연결될 수 있다. **장인정신**은 오랫

동안 업무나 기술의 원리를 익히고 집중하여 최고 경지에 이르는 직업정신을 말한다. 우리는 자랑스러운 장인정신의 전통을 보유하고 있다고 자부한다. 도자기예술, 금속활자, 수공예, 전통요리에서 부품, 제조에 이르기까지 장인들의 직업정신이 격물치지의 근성으로 계승, 발전해온 사례를 기억하고 있다. 국제적으로 일본에는 각 분야에 100년이 넘는 장인정신이 계승되어오면서 소재·부품·장비 분야의 최고 경쟁력을 보유하고 있다.

한국 경제는 그동안 선진기술을 변형하고 추격하면서 발전해왔고, 최근 10년은 첨단기술 분야를 선도하면서 세계 경제 10대 대국으로 도약했다. 추격의 프로세스에서 또는 선도하는 최전선에서 한국 경제의 정신적 가치로서 격물치지의 근성을 빼놓을 수 없다. 전통적인 농업경제를 산업화 과정에서 경공업과 중화학공업으로 전환하고, 중화학공업 단계인 1980년대 말경에 민주화 운동이 시작되었다. 1990년대 이래 중화학공업을 넘어 IT 산업으로 혁신과 21세기 디지털 경제로 변신에 이르기까지 한국 경제의 구조적 전환과 체질 혁신에는 시대, 시대의 경제 환경과 기술 지형의 변화를 정확히 꿰뚫고 경제 방향을 내다본 격물치지의 근성이 내장되어 있었다고 본다.

격물치지의 근성이 강한 기업가 정신을 탄생시켰다. 기업가 정신은 이치를 깊이 간파하고 미래를 내다보는 역발상의 혜안이 있어야 성공할 수 있다. 이스라엘 벤처기업의 아이콘들과 독일 중소기업으로서 히든 챔피언들은 격물치지의 정신과 근성으로 세계적인 기술을 선도하고 있다는 공통점이 있다.

삼성반도체 역사는 그라운드 제로에서 이병철 회장과 이건희 회장에 의한 선견지명과 격물치지의 근성이 리더한 창조적 파괴의 혁명이었다. 1983년 2월 8일 이병철 회장은 '도쿄선언'을 발표하면서 D램 개발에 출사표를 던졌다. 1983년에 세계 세 번째 64Kb D램을 개발한 후, 10년 후인 1993년에는 메모리 세계 1위로 등극하며 1Gb D램을 개발하였다. 21세기 들어 2002년에 플래시메모리 1위로 다시 등극하며 세계 최초 2Gb 낸드플래시를 개발하였다. 2014년에는 세계 최초 35nm 2Gb D램 개발과 27nm 32Gb 낸드플래시를 개발하였다. 2015년에 세계 최초 1x8Gb D램 개발에 이어 2018년에는 세계 최초 극자외선(EUV) 기반 파운드리 7나노 공정을 개발,

양산하였다. 2019년에는 세계 최초 3세대 10나노급(1z) DRAM 개발, 2021년에는 세계 최초 LPDDR5xD램 개발, 2022년에는 세계 최초 GAA 기반 3나노 공정 개발, 그리고 2023년에는 고대역폭 메모리 HBM3E와 12nm급 32Gb DDR5 D램을 처음으로 개발했다. 삼성전자가 창조적 파괴와 고비고비마다 성취해온 개척적인 혁신은 격물치지의 근성이 이룩한 역사였다.

5. 회사후소(繪事後素)의 창조

창조는 백지 위에 점을 찍고 선으로 연결하여 공간으로 확장하면서 상상의 세계를 현실 세계로 구현하는 지적 회로이다. 『논어』 「팔일(八佾)」에 회사후소(繪事後素), "그림을 그리려면 먼저 바탕을 희게 한 후에 채색을 해야 한다"는 교훈이 있다.[5] **기본을 충실히 한 다음 작품을 창조해라.** 기본에 충실함이 창조적 촉발제가 된다는 것이다. 바탕이 오염되어 있는데 채색을 한들 감동적인 색상을 발할 수 없고, 잡초가 무성한 땅에 새 생명이 자랄 리 만무하다.

바탕을 희게 하는 정신으로 근본을 다지는 결단은 창조의 기

반이다. 역사의식과 시대정신, 그리고 철학적 판단이 발현되어야 기본에 접근할 수 있고, 이를 바탕으로 창조의 길이 열린다. 경제가 어떤 가치와 궤도를 추구할 것인가? 어떤 프로세스로 발전하는가? 경제적 판단 위에 이런 인문·사회적 가치가 뒷받침되어야 할 것이다.

스마트폰 신화를 이룩한 삼성 갤럭시의 창조에는 회사후소를 결단한 창조정신의 스토리가 배어 있다. 당시 이건희 회장의 결단에 따라 삼성폰 15만 대(500억 원)를 1995년 3월 9일 삼성전자 구미사업장 운동장에서 불태웠다. 창조적 파괴의 이정표였다. 이것은 엄청난 손해를 감수하고서도 스마트폰을 정상에 올려 '인간의 소통회로와 사회적 관계를 혁신하여 인류 사회에 공헌하겠다'는 창조적 가치를 앞세운 결단이었다. 돈으로 셈할 수 없는 갤럭시의 미래가치로서 사회적 관계와 인류의 소통 공동체, 제품의 품격에 더 큰 가치를 둔 것이다.

애니콜 모델 15만 대를 역사 속으로 태운 **'애니콜 화형식'**이 오늘날 세계 스마트폰 시장 1위의 삼성 '갤럭시 신화'와 삼성전자를

회사후소(繪事後素)의 창조	• 기본을 충실히 한 다음 작품을 창조해라. • 1995년 3월 9일 삼성폰 15만 대 '애니콜 화형식' 　→ 세계 스마트폰 1위 '갤럭시 신화' • 1997년 8월 포항제철 발전송풍설비 불량 구조물 파괴

세계 정상으로 도약시킨 모멘텀이 되었다고 본다. 애니콜 모델의 결함과 한계를 불 속에 태워버리고 갤럭시 스마트폰 전환의 비장한 결단은 『논어』의 지혜, 회사후소의 창조적 정신과 통한다.

회사후소의 창조적 스토리는 **포항제철의 역사**에서도 찾아볼 수 있다. 1977년 4월 제1제강공장에서 44만 톤의 쇳물이 쏟아지는 사고가 발생했다. 일본 전문가들이 놀랄 정도로 34일 만에 완전 복구되어 정상 조업이 된 뼈아픈 안전사고가 있었다. 그 후 그해 8월에 발전송풍설비 공사 현장에서 불량이 발견되어 박태준 사장은 구조물 폭파를 지시했다. 공정이 80%나 진행된 상황이었다. 불량 구조물을 폭파하고 철강산업의 단단한 기초를 다진 창조정신이 오늘날 포스코가 세계 철강사 최고 경쟁력을 평가받는 바탕이 되었을 것이다.[6]

핵심가치와 기본을 다진 회사후소는 한국 경제의 창조적 길을 열어왔고 앞으로도 창조적 미래를 지킬 인문정신이다. 선진국 경제는 기본에 충실하고 원칙을 지키며 창조적인 결단을 내리는 회사후소의 창조정신을 소프트파워로 견지해야 한다.

6. 선립기대(先立其大)의 통찰

일에 선후대소(先後大小)가 있듯이 한정된 자원을 다루는 경제에 있어서 '먼저 큰 것(大體)을 분별해내는 통찰력'은 바닷속에서 진주를 캐내는 지혜에 비유될 것이다. 맹자는 대인과 소인에 대한 구분을 이렇게 말하고 있다. 큰 것(大體)을 따르면 대인(大人)이 되고, 작은 것(小體)을 따르면 소인(小人)이 된다. 큰 것을 따름은 마음(心)이 생각하는 방향(心思)이고, 작은 것을 좇는 것은 생각이 없는 귀와 눈(耳目)의 방향이라고 분별했다. 선립기대(先立其大)는 "마음이 생각하는 방향에 따라 먼저 큰 것을 확실히 세우라"는 통찰의 길을 제시해준다. 귀와 눈에만 기대어 마음의 생각이 어둡게 되면, 우왕좌왕 좌고우면하면서 작은 것을 따르게 된다는 것이다.[7]

일제강점기와 6·25 전쟁으로 산업기반이 황폐화되었고 산업기술인력이 빈약했던 1960년대 초, 한국은 인재양성과 산업화를 먼저 선택했고, 그 경제적 기반을 토대로 민주화가 진행되었다. 인재양성과 산업화의 축은 선립기대의 통찰이었다. 그 후 IT 산업의 방향 또한 그렇다. 미래 정보사회를 내다보고 그야말로 홍수같이 쏟아지는 정보와 데이터를 저장하고 연결하는 ICT 산업을 큰 몸체(大

體)로 세운 것은 오늘날 디지털 전환의 경제·사회구조를 선도하게 한 통찰이 아닐 수 없다. ICT 기술을 접목한 연관사업의 경쟁력과 생산성이 급진전하면서 21세기 초 2010년대에 한국의 주요 기술이 일본을 추월하고 1인당 국민소득이 3만 달러를 넘어서게 되었다. 실로 선립기대에 기반을 둔 한국 경제의 통찰적인 방향이 우리 경제의 국제적 위상을 급상승시켰다.

선립기대의 통찰은 삼성 이병철 회장께서 주위의 반대에도 불구하고 반도체 역사를 개척한 결단에서도 간파할 수 있다. "일하는 사람에게는 일을 안 하는 사람이 가장 심한 비판자다." "국가적 견지에서 삼성이 반도체를 한다." "영국은 증기기관차 하나로 세계를 재패했는데 우리는 반도체로써 세계 1등이 될 수 있다."[8] 이병철 회장은 반도체가 국가적이고 세계적인 대체(大體)가 될 것이라는 마음속의 생각(心思)이며 깊은 생각(思惟)에 따른 대인(大人)의 통찰을 30년 후에 실현시켰다. 오늘날 반도체는 인류의 삶과 문명을 바꾸고 있으며, 미래 사회를 혁신시키는 기술이다. 첨단제품일수록

선립기대(先立其大)의 통찰	• 먼저 큰 것(大體)을 분별해내는 통찰력 • 이병철 회장의 반도체 역사 개척, 선립기대의 통찰 • 정주영 회장, 정세영 회장의 '포니 신화'

반도체 기술이 내장되지 않으면 안 될 그야말로 미래 생태계의 판을 바꿀 핵심기술이다. 인간과 기계, 현실세계와 가상세계, 인간과 사물을 연결하는 중추신경에 반도체가 자리 잡고 있다.

또한 선립기대의 가치는 **현대 정주영 회장과 현대 정세영 회장의 이른바 '포니 신화'의 역사**에도 자리하고 있었다. 1974년에 해외 부품을 기초로 한 완성차 포니는 2년 후인 1976년에 수출시장에 진출한 후, 최근 현대·기아자동차는 세계 자동차 시장에서 판매대수 3위를 점하는 글로벌 자동차 기업으로 급부상했다. 자동차 산업은 한국 경제를 농업 경제에서 제조업 경제로 구조적인 전환을 가져왔을 뿐만 아니라, 삶과 사회적 이동의 혁신을 일으켰다. 한국의 국토와 지리적인 환경하에서 해외 진출에 초점을 둔 자동차 산업에 대한 통찰과 결단이 이제 전기자동차와 자율자동차, 플라잉 카의 시대로 이어지고 있다.

앞으로 불확실성과 변동성이 심화되는 경제 생태계에서 선립기대의 통찰은 선진국 경제로 나아가는 소프트파워이다. 미래를 먼저 읽고 큰 흐름(大流)과 큰 것(大體)을 간파하며 선립기대의 통찰로 선진국 경제를 열어가야 할 것이다.

7. 학이시습(學而時習)의 지적 열망

한국 경제의 중심축은 인적자본이었다. 전통적으로 우리 민족은 지적 열망이 높고 변화에 대한 적응이 빠른 민족이다. 한국인의 우수한 DNA는 데이터에 의해 입증된 바 있다. 게다가 한국인의 지적 열망과 한국 사회의 교육열은 세계적이다.

대학 진학률과 인구 대비 대학의 수는 국제적으로 최고 수준이다. 높은 교육열은 경쟁이 치열한 사회구조, 빚을 내서라도 자녀를 교육시켜야 한다는 부모들의 자식 사랑, 개천에서 용이 나오게 하는 교육의 돌연변이 등 우리 교육의 열정적인 사회 환경적인 요인에서 비롯되었다.

『논어』의 첫머리는 교육을 뜻하는 「학이(學而)」편으로서 배움을 단초로 했다. 배우고 배운 것을 수시로 익히니(學而時習) 그 기쁨이 한량없다(不亦說乎)고 말했다.[9] 사람은 만물의 영장이지만, 배우고 익혀야 하는 지적 존재로서 그 배우고 익힘에는 큰 기쁨이 있음을 역설했다.

나아가 "원래 배움은 사람의 영혼을 살찌게 하고(古學爲己)"(『논어』「헌문」), "진리를 따르며 자신을 바로잡는 것(就道而正)"(『논어』,

「학이」)에 있기 때문에 배움은 큰 기쁨이요 배움을 좋아하는 것(好學)이라고 강조했다. **교육, 배움과 익힘은 끊임없이 자신을 성찰하고 새로운 혜안과 통찰을 열어주니, 얼마나 큰 기쁨인가!**

우리 민족의 지적 열망은 한국 경제의 인적자본을 고도화해온 기반이었다. 왕성한 교육열을 바탕으로 끊임없는 배움과 익힘이 고급 인적자본을 축적하게 하여 경제적 가치의 창조로 선순환되었다. 남미나 동유럽 국가들처럼 물적 자원은 풍부하지만 인적자본이 뒷받침되지 못하면 경제 발전이 한계에 부딪히게 되는 경우가 많다. 또한 인구가 많아도 교육열이 낮으면 인적자본은 취약하기 마련이다.

돌이켜보면 한국 경제사회 발전 단계는 학이시습(學而時習)의 지적 열망이 인재교육을 통한 인적자본의 축적과 궤를 같이해왔다고 해도 과언이 아닐 것이다.

1960~1980년대 산업화 단계에서의 공학인재 육성기, 1980~1990년대 민주화 단계에서의 인문사회인력 육성기, 1990~2000년대 IT 산업 단계에서의 IT 인재 육성기, 21세기 첨단과학기술 단계

에서의 반도체·배터리·자율자동차·로봇·에너지·바이오·양자컴퓨터·빅데이터 인력 양성기 등 경제사회의 발전 생태계에 따라 인재 교육의 맵(map)도 진화해왔다고 볼 수 있다.

지구촌에서 한국과 이스라엘은 척박한 자원 빈국으로서 부모들의 왕성한 교육열을 품고 경제 발전을 이룬 공통점을 안고 있다. 유대인들의 창조정신이 이끈 혁신과 도전, 21세기 기업가 정신이 이룬 벤처강국, 토론과 탐구정신을 기반으로 하는 창의력 교육, 앞으로 한국과 이스라엘이 혁신의 시너지를 창출하는 집단지성의 국제적 파트너로서 발전되기를 기대한다.

한국은 물적 자원은 척박한 대신, 학이시습(學而時習)의 지적 열망이 선진국 경제의 휴먼 소프트파워를 지속적으로 증진시켜 인재 강국의 위상을 높여가야 할 것이다.

특히 21세기는 지식혁명과 기술혁명이 동시에 급속도로 진전되는 시대이기 때문에 학이시습의 지적 열망이 빅데이터를 기반으로 더 적극적으로 발현되지 않으면 안 될 것이다. 개별적인 지적 열망과 함께 집단지성이 네트워킹 사고로 발전되어야 새로운 창조를 열어갈 수 있게 된다.

지식과 사고, 그리고 산업과 기술이 융합되고, 앞으로 인공지능

이 인간의 영역을 압도할지 모른다는 AI 사피엔스의 출현 가능성

등 인문·과학기술 생태계의 급속한 변화로 학이시습의 지적 휴먼

소프트파워는 더 고도화되어야 하고 첨단의 길을 닦지 않으면 안

될 것이다.

◆◆◆

경제적 가치와 인문·사회적 가치의 결합 →

기본을 바로 세우는 정신근육 → 소프트파워

한국, 21세기 번영하는 선진국 경제로 전환하지 않으면

안 될 문명사적 전환기, 넘어야 할 산도 높다.

선진국 경제의 문턱을 넘기 위해서는 경제·정신·가치에 기반을 둔

소프트파워를 증강해야 할 것이다.

진화하는 불완전한 생명체로서 자본주의

애덤 스미스의 자유자본주의,

막스 베버의 프로테스탄티즘의 자본주의 윤리와 정신

21세기 캐피털리즘

갈등과 분열을 사회통합적으로 해소해가는 능력으로서 사회통합성을 높이는 자본주의,

21세기 초연결 시대를 맞아 수평적으로 연결하며 상생협력하는 자본주의,

그리고 지속 가능한 자본주의를 위해 인간과 자연,

환경의 생명력을 회복하는 번영된 자본주의

제 3 부

미완성의
자본주의 윤리와 정신

Economy Dignity

바야흐로 자본주의가 성찰의 시대를 맞고 있다. 자본주의의 바탕인 자유와 자본주의를 받혀줄 도덕감정 간의 균형과 조화가 깨졌기 때문이다. 도덕감정으로서 공감과 절제, 정의가 빠진 자유는 탐욕이나 혼란에 빠지기 쉽다.

제3부에서는 21세기에 접어들어 자본주의가 고난도의 도전에 직면하고 있는 상황에서 자본주의에 대한 성찰을 기반으로 우리 사회가 나아갈 선진국 경제의 시대적 관점에서 자본주의 비전을 논의할 것이다.

고전적 기반으로서 애덤 스미스가 설파한 자유주의와 도덕감정이 함께하는 자유자본주의와 막스 베버가 강조한 프로테스탄티즘을 바탕으로 하는 자본주의 윤리와 정신으로부터 성찰적 가치를 찾아본다.

갈등과 분열이 심화되고, 각자도생으로 충돌하며, 생명 회복력을 잃어가고 있는 자연파괴와 불신의 경제·사회생태를 복원하지 않으면 안 될 상황이 벌어지고 있다. 선진국 경제로서 우리 사회가 추구해야 할 21세기 캐피털리즘의 모습을 세 가지 측면에서 조명하게 된다.

무엇보다 격화되고 있는 갈등과 분열을 사회통합적으로 해소해가는 능력으로서 사회통합성을 높이는 자본주의를 지향해야 한다. 자본주의가 사회적 공감대를 넓히고, 정의와 공정의 가치에 더 깊이 뿌리내리는 데 적극적이어야 한다는 말이다. 아울러 취약계층과 저소득층이 경제·사회적 계층을 상향 이동하도록 중산층을 두텁게 해야 한다.

21세기 초연결 시대를 맞아 수평적으로 연결하며 상생협력하는 자본주의를 요구한다. 20세기형 자본주의는 중앙집중형으로 상의하달식의 수직적 피라미드식으로 작동했다면, 21세기형 자본주의는 분산되고 수평적으로 피드백하는 방식으로 경제 시스템의 민주화 시대를 열어가야 한다.

그리고 지속 가능한 자본주의를 위해 인간과 자연, 환경의 생명력을 회복하는 번영된 자본주의로 꼽았다. 자본주의 생명력 회복은 자본주의 생태인 인간과 자연, 환경에 대한 책임과 공존을 실천적으로 자본주의가 받아들일 때 가능하다.

제1장

◆

자본주의의 진화와 성찰

1. 자본주의의 진화

르네상스 운동을 계기로 휴머니즘과 계몽주의를 바탕으로 탄생한 자유주의는 18세기 시민혁명을 거쳐 정치적 자유와 경제적 자유로 성장했다. **시민혁명과 산업혁명을 거치면서 정치적 자유는 자유민주주의로, 경제적 자유는 시장경제를 중심으로 자본주의로 발전했다.** 경제적 자유를 바탕으로 자본주의가 성장함에 따라 소득이 증가하여 중산층이 확대되고 참정권, 투표권 등 정치적 자유에 대한 요구와 저항이 확산되면서 자유민주주의 발전을 촉진시켰다. 이런 점에서 경제적 자유로 꽃을 피운 자본주의는 정치적 자유를 구현한 자유민주주의와 밀접하게 연계되어 진화, 발전해왔다고 볼 수 있다.

아나톨 칼레츠키(Anatole Kaletsky)는 『자본주의 4.0(Capitalism 4.0)』에서 자본주의가 1.0에서 4.0까지 진화해왔다는 소위 **자본주의 진화론**을 폈다. (1) 애덤 스미스를 주축으로 18세기 중엽 이후 개인의 자유와 자유시장, 그리고 개인의 이익 추구를 존중하는 자유주의 사상과 자유시장경제에 뿌리를 둔 **자유자본주의** 1.0 시대가 19세기까지 이어졌다. (2) 그 후 20세기에 들어와 자본주의는 큰 변화를 겪었다. 그 변곡점은 1930년대 세계 대공황이었다. 침체된 경제와 마비된 금융시스템으로부터 자본주의를 다시 세우기 위해 시장실패를 보완하고 일자리를 만들어 소득을 분배해줄 정부의 역할과 개입을 끌어들인 자본주의의 변신이었다.

소위 케인스식 뉴딜 자본주의 2.0은 시장에 대한 정부의 간섭을 허용하는 **혼합자본주의**로서 자유자본주의 1.0에 대한 수정이었다. (3) 하지만 성장과 분배에서 정부 주도의 정치경제 논리에 시장과 민간경제의 공간은 좁아지고 말았다. 큰 정부가 경제적 자유를 위축시키고 시장경제를 후퇴시켰다는 비난 속에서 1970년대에

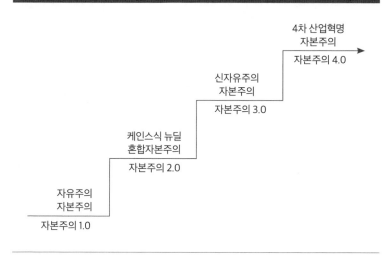

자본주의 진화

4차 산업혁명
자본주의
자본주의 4.0

신자유주의
자본주의
자본주의 3.0

케인스식 뉴딜
혼합자본주의
자본주의 2.0

자유주의
자본주의
자본주의 1.0

자본주의 경제는 스태그플레이션의 위기에 빠지게 되었다. 대안으로 떠오른 자본주의 철학이 1980년대 신자유주의였다. **신자유주의 경제의 자본주의** 3.0 시대에는 개인의 자유와 가치를 중요시하는 대신 작은 정부, 지방정부로 권한 이양, 규제 완화와 큰 시장, 세금 감면, 국영기업의 민영화 등 시장경제의 부활이었다. 신자유주의 자본주의가 시장경제의 확장을 통해 생산, 즉 공급을 증대시킴으로써 일자리, 소득을 증가시켰다. 그러나 개인주의의 팽배와 탐욕, 계층 이동의 경직으로 경제·사회적 불평등과 양극화가 악화된 채 21세기를 맞았다. (4) 21세기에 들어 글로벌 금융위기와 코로나 팬데믹으로 자본주의가 대혼란을 겪으면서 **4차 산업혁명 시대의 자본주의** 4.0 시대를 열어가고 있다. 이런 자본주의 진화의 과정은 시장과 시장실패, 그리고 정부실패의 모순과 시정의 연속이었다.[1]

자본주의는 지금까지 배출한 부정적인 엔트로피를 해소하면서 지속적인 자본주의 번영을 위한 생명력을 회복시켜가야 할 교차점에 있다. 자본주의에 대한 성찰과 함께 그동안 지켜왔던 자본주의 정신을 기초로 하여 21세기 캐피털리즘을 숙고해보고자 한다.

2. 자본주의의 성찰

이렇듯 자본주의가 18세기 말부터 21세기에 이르기까지 진화해 오면서 과학기술과 함께 경제·사회적 번영을 견인해온 점을 부인할 수 없을 것이다. 하지만 빛과 그림자와 함께 자본주의는 앞으로 해결해야 할 어려운 과제도 안고 있다. 20세기 말 소련의 붕괴는 경제 적인 측면에서 사회주의에 대한 자본주의의 우월성을 입증해준 역 사적 분기점이었다.

그 후 21세기로 접어들면서 자본주의 탐욕은 2008년 세계를 덮친 금융위기와 경기침체를 촉발시켰으며, 경제적 불확실성과 리스크는 더 높아졌다. 금융기관과 기업의 도덕적 해이, 경제적 포퓰리즘, 20세기에 묶여 있는 경직된 정부, 기득권 늪에 빠진 노동계, 경제·사회적 양극화 등 자본주의는 고난도의 도전에 직면해 있고, 민주주의는 후퇴하고 있다. 코로나 팬데믹 이후 인류문명을 위협할 또 다른 팬데믹의 위기와 지구상의 생물체를 멸종으로 내몰 기후변화와 온난화는 실존적 위기로 부상하고 있다.

우리 경제도 저성장이 지속되고 있는 가운데 일자리 창출이 둔화됨에 따라 청년들의 불안이 고조되고 양극화가 심화되면서 경제·사회적 스트레스가 높아지고 있다. 그 어느 시기보다도 사회분열과 갈등이 심하다. 여기에는 자본주의의 사회통합성이 부족한 데도 책임이 있을 것이다.

바야흐로 자본주의가 성찰의 시대를 맞고 있다. 위에서 지적한 자본주의가 직면한 각각의 과제와 도전에는 개별 원인도 있겠지만, 보다 근본적인 원인은 **자본주의의 바탕인 자유와 자본주의를 받혀줄 도덕감정 간의 균형과 조화가 깨졌기 때문**이다. **도덕감정으로서 공감과 절제, 정의가 빠진 자유는 탐욕이나 혼란에 빠지기 쉽다.**

따라서 자유에 따르는 책임과 함께 시민으로서 절제와 신중함을 기초로 하는 공감의 도덕을 살려야 한다. 예를 들면 공정한 경쟁이 무시된 시장경제나 사회적 공감을 건너뛴 시장경제 만능은 양극화를 악화시키고 사회적 분열을 조장하게 될 것이다. 또한 개인의 자유를 기반으로 하지 않는 공감과 정의는 교조주의나 전체주의에 의한 강압으로 흐를 수 있다. 자유의 추구가 공동체에서 도덕감정(공감, 정의, 공정)과 함께해야 한다. 요컨대 자본주의가 자유와 도덕감정, 다시 말하면 자유와 사회적 공감을 바탕으로 사회적 연대의 협력이라는 두 축을 회복할 때 자본주의는 건강하게 발전할 수 있을 것이다.

---◆◆◆---

자본주의 성찰의 시대 → 자본주의 바탕인 자유와 자본주의를
받혀줄 도덕감정 간의 균형과 조화가 요구되는 시대

자유에 따르는 책임, 시민으로서 절제와 공감을 기초로 하는
도덕감정을 살려 자본주의의 탐욕과 포퓰리즘을 제어해야 할 것이다.

제 2 장

◆

애덤 스미스 자본주의 정신의 매력[2]

1. 자유자본주의

자유는 인류문명과 자본주의를 발전시켜온 기반이다. 르네상스 운동과 계몽주의 사상이 전파되면서 싹트기 시작한 자유주의가 자유로운 경제활동을 내세운 **경제적 자유주의와 시장을 기반으로 하는 자본주의**를 태동시켰다. 미국 독립선언, 프랑스 대혁명 등 시민혁명을 거치면서 인류문명사를 주도한 자유의 가치를 애덤 스미스는 자본주의 기반으로 접목시켰다. 이 자유는 자유로운 경쟁, 자유로운 가격, 교환과 거래의 자유, 재산권 안전의 보호 등 자유로운 경제활동을 포괄하는 자연권이었다. 이것이 자유시장경제로 수렴되어 자본주의의 토대가 되었다.

경세자로서 스미스가 '보이지 않는 손'을 자유로운 시장경제의 메커니즘으로 끌어들인 점은 불후의 통찰이었다. '보이지 않는 손(invisible hand)'은 '모든 사물에는 보이지 않는 기본 원리 내지 자연적 질서가 내재되어 있다'는 자연신학에 원천을 두고 있다고 이해된다. 사람들은 이기적이지만, 시장에서 '보이지 않는 손'에 의해 자유로운 경제활동이 이루어진다는 것이다. 반면 실제 경제활동에 있어서 인간의 본성으로서 이기심은 자기 이익을 앞세우면서 탐욕으로 번지게 되는 유혹의 속성도 있다. 이기심에 대한 절제, 이성적 판단을 어디에 둬야 하는가?

애덤 스미스 자본주의

시장경제

자유   도덕감정

스미스는 **개인의 이기심은 사회의 도덕적 한계 내에서, 그리고 공감과 정의, 공정이라는 도덕감정, 즉 윤리성을 바탕으로 해야 한다**고 강조했다. 이기심이 도덕감정에 의해 절제와 균형을 이룰 때 "개개인의 이익을 추구하는 이기적인 경제행위는 결국 사회 전체적인 이익과 번영에 부합된다"고 보았다. 결국 스미스의 이런 낙관론은 시장에서 보이지 않는 손과 도덕감정에 기초를 두고 있다는 점에 주목할 필요가 있다. 개인의 자유가 도덕감정에 뿌리를 두고 있어야 개인과 공동체가 충돌하지 않고, 개개인의 자유가 공동체 연대로 확장할 수 있다는 정치경제 철학으로 받아들여야 할 것이다.

자유를 바탕으로 한 자본주의와 대조적으로, 국가에 의해 경제 운영이 계획된 사회주의 경제체제가 그럴듯한 논리를 내세우고 있지만, 창의적인 기업가 정신이나 가격을 통한 정보전달과 자유로운 경제활동의 매체인 시장경제는 사회주의 계획경제에서 고유한 기능을 잃었다. 요컨대 애덤 스미스는 인간은 이기적이지만 **도덕감정을 바탕으로** 시장에서의 보이지 않는 손에 의한 **자유로운 경제활동**을 보장하고 **시장경제**를 기반으로 하는 **자유자본주의**를 희망했다.

2. 도덕감정, 정의와 공정의 자본주의

애덤 스미스에게 정의와 공정은 인간의 본성인 도덕감정을 바탕으로 형성된 사회적 덕목이다. 사람들은 본성적으로 옳지 못한 것을 보면 저항하고 공정하지 않은 상황에 분노하는 도덕적 양심을 지니고 있다. 시시비비를 가리는 마음, 시비지심(是非之心)인 도덕감정이 사회적 덕목으로서 정의와 공정을 세우는 바탕이 되었다. 스미스는 **"정의와 공정을 견지하는 것은 사회 존립의 토대인 동시에 경제적 번영을 발생하게 한다"**고 강조한 바 있다. 정의와 공정의 가치가 사회의 존립뿐만 아니라 경제적 번영의 주춧돌임을 높이 평가했다.

하지만 인간이 탐욕에 젖고 절제를 잃으면 다른 사람의 권리를 침해하고 사회와 시장의 질서를 허물어뜨릴 수 있기 때문에 정의와 공정을 지키기 위해서는 법과 제도에 의한 실정법 체계가 정립되어야 한다는 측면에서 **국가 역할**을 강조했다. 『도덕감정론』에서 "정의의 실천을 위해 국가권력을 사용할 필요에 놓이게 된다"고 표명한 점은 스미스가 사회적 덕목으로 받아들인 정의와 공정을 법체계로 뒷받침해야 한다는 국가관을 읽을 수 있을 것이다. 도덕률이 견지되지 못한 자본주의는 부패한 경제를 가져오고, 생산적으로 활용되어야 할 인적·물적 자원이 투기와 낭비, 나태와 도덕적 해이에 빠지게 된다.

정의와 공정의 가치는 시장경제가 공정한 질서를 유지하면서 자유로운 경제적 기회와 경제활동을 촉진시켰고, 경제적 효율성과 경제성장을 높이며 자본주의를 발전시키는 데 기여해왔다. 더 나은 삶을 추구하는 인간의 이기심이 탐욕으로 번지지 않게 자제시키는 도덕감정과 정의로운 경제관계를 유지시키는 노력은 자본주의의 성숙한 미래를 위해 더욱 강조되어야만 한다.

요컨대 애덤 스미스가 꿈꿨던 자본주의는 자유와 도덕감정을 기반으로 경쟁과 협력을 통해 국가의 부를 증진시키는 경제체제였다. 그리고 도덕감정에 바탕을 둔 정의와 공정이 국가에 의해 법과 제도적으로 뒷받침된 자본주의였다. **상호 공감과 절제, 정의와 공정과 같은 도덕감정으로 연결된 자본주의 윤리와 자유로운 시장경제는 선진국 자본주의 발전의 기반이 되었다.**

제 3 장

◆

프로테스탄트 윤리와 자본주의 정신의 궤적

1. 막스 베버의 프로테스탄티즘[3]

중세시대와 산업혁명 이전까지는 일을 해서 금전을 추구하는 것
을 지저분하고 더러운 것으로 여기며 적당히 일하고 쾌락을 즐기는
것이 당연하다는 인식이 깔려 있었다. 이런 세상 풍조에 역행하듯 근
면하고 성실하게 일하며 절제와 금욕적인 생활을 하면서 저축을 하
고 자본을 축적하는 것은 신의 축복이라는 청교도적인 윤리에 기반
한 자본주의 정신이 태동했다. 대변혁을 일으키며 자본주의 정신을
윤리적 기초 위에서 통찰한 사람이 막스 베버였다.

막스 베버(Max Weber, 1864-1920)의 저

서 『프로테스탄트 윤리와 자본주의 정신

(Die Protestantische Ethik und der Geist des

Kapitalismus(獨), The Protestant Ethic and

the Spirit of Capitalism(英))』(1920)은 프로테

스탄트 윤리가 어떻게 자본주의 정신으로

연결되어 근대 자본주의의 원동력이 되었

는지를 분석한 고전이다. '인간은 이익과 금전을 추구하는 기본적인

욕망이 있지만, 직업과 일은 신이 맡긴 소명(루터의 종교개혁에 기초한

직업 소명관)이기 때문에 일을 통해 얻은 재산은 신의 축복으로 받아

들여야 하며, 그 재산을 방탕하거나 낭비하지 않고 절제하며 금욕하

는 삶의 덕목'이 프로테스탄트 윤리다.

베버는 "각자가 하는 일에 대한 소명의식과 책임감, 성실하고 근

면하게 일한 대가로 벌어들인 재산, 절제와 금욕적인 삶의 자세를

바탕으로 하는 프로테스탄트 윤리가 자본주의 정신으로 연결되었

고, 절제와 금욕으로 저축된 부와 자본 축적은 신의 은총으로 받아

들이며 자본주의의 원동력이 되었다"고 보았다. 소득이 늘면서 소

비도 확장되어야 하지만, 일의 가치와 소명을 소중히 여기며 절제와

감사의 덕목을 깨닫게 하는 자본주의 윤리다.

　주목할 점은 개인뿐만 아니라 기업의 이윤 추구에 의한 자본 축적을 자본주의의 정당한 기업 활동으로 받아들였다는 것이다. 프로테스탄트 윤리관에서 볼 때, 막스 베버는 재산과 부의 축적을 신의 축복으로서 윤리적으로 정당화함으로써 개인의 이익과 기업의 이윤 추구가 끊임없이 이뤄지는 자본주의 정신을 고취시켰고, 일을 소명으로 받아들이는 노동정신과 절제되고 근면한 중산층 형성이 자본주의 발전을 가져왔다고 주장했다.

2. 자본주의 윤리와 정신

　막스 베버의 근대 자본주의 정신은 "인간이 이기심과 욕망을 위해 재산과 부를 추구하는 것이 아니라, 일과 직업에 대한 소명의식과 절제를 바탕으로 윤리적 동기에 의한 부와 자본의 빠른 축적을 통해 자본주의가 발전해왔다"는 것을 강조했다. '자신의 소명을 다해 절제된 삶으로 축적된 부와 자본을 신으로부터 은총의 징표'로 받아들었다. 신의 은총을 이어가기 위해 근면하고 성실히 일하는

노동계층이 자본주의를 발전시켰다고 보았다.[4]

　우리 사회에서도 비즈니스를 하는 데 있어 지켜야 할 옳은 도리로 **상도(商道), 즉 상도의(商道義)**를 존중해왔는데, 최인호 작가의 소설로도 출간되었다. 200여 년 전 재산을 모두 사회에 환원했던 의주 상인 임상옥을 불러내 비즈니스의 덕목과 기업가의 윤리를 서사했다. "장사란 이익을 남기기보다 사람을 남기기 위한 것이다. 사람이야말로 장사로 얻을 수 있는 최고의 이윤이며, 따라서 신용이야말로 장사로 얻을 수 있는 최대의 자산인 것이다"라는 상도의에 대한 압축된 표현이었다.[5]

프로테스탄트 윤리와 자본주의 정신

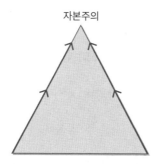

자본주의

프로테스탄트 윤리
- 직업과 일은 신이 맡긴 소명
- 일을 통해 얻은 재산 → 신의 축복 → 재산을 절제, 금욕해야 한다는 윤리

자본주의 정신
- 프로테스탄트 윤리에 기초한 부와 자본 축적이 자본주의 발전
- 근면성, 성실성 → 직업윤리, 근로윤리

요컨대 자본주의의 정신은 개인의 이익이나 쾌락을 위해 돈을 버는 것이 아니라 직업윤리, 절제하는 삶의 윤리 등 윤리적 동기로 돈을 벌고 자본을 축적하는 데 있다고 본 것이다. 자본주의 정신에서 윤리적 바탕을 중요시하고 있다.

그러나 자본주의가 20세기 말을 지나면서 성실성, 근면성, 정직성을 근간으로 하는 근로윤리(work ethic)는 퇴보하는 대신, 물질적인 탐욕과 욕망이 절제의 윤리를 밀어내는 상황이 확산되고 있다.

사익보다 공익을 우선시하고(先公後私) 겸손과 양보의 미덕(謙讓之德)은 점점 밀려나고 있다. 노동의 가치보다 돈을 좇는다. 일을 통한 성장보다 돈으로 지원받는 포퓰리즘으로 빠져들고 있다.

막스 베버가 강조한 자본주의 정신도 어느덧 100년을 맞이하면서 문명적인 전환을 겪고 있다. 자본주의 역사의 교훈은 자본주의 정신과 윤리가 자본주의 발전의 기반이 되었음을 말해주고 있다.

우리는 4차 산업혁명 시대 데이터와 인공지능, 클라우드에 의해 연결되는 거대한 시스템 속에서 자본주의 윤리를 다시금 생각해야 할 시대에 있다. 기술이 삶을 변화시키고 경제와 사회 발전을 주도하는 기술결정론에 경도돼서는 안 될 것이다. 어디까지나 기술은 인류문명의 수단이지 그 자체가 목적이 될 수 없다. 인간과 기술의 융화, 인공지능의 윤리, 가짜에 밀려나고 있는 정직성 회복 등 인문·사회적 가치에 대한 확고한 신념이 필요하다.

세기적 전환에 따라 자본주의 정신 역시 진화론적 발전을 지속하고 있고 변질될 수 있지만, 자본주의 정신과 윤리적 기반을 존중하며 견지하는 것이 선진국 자본주의의 길이다. 자본주의 발전은 물적 기반과 함께 윤리적 정신 기반이 뒷받침되어야 경제·사회적 번영으로 나갈 수 있다.

◆◆◆

프로테스탄트 윤리 → 일에 대한 소명의식과 책임감, 성실하고 근면하게 일한 대가로 벌어들인 재산, 절제와 금욕적인 삶의 자세

프로테스탄트 자본주의 정신 → 일을 소명으로 받아들이는 노동정신, 절제되고 근면한 중산층 형성, 절제와 금욕으로 저축된 부와 자본 축적

제 4 장

◆

21세기 캐피털리즘의 부상

3세기에 걸쳐 발전해온 자본주의는 아직도 진화하는 불완전한 생명체이다. 21세기에 접어들어 경제·사회적 환경이 복합적인 도전에 직면해 있다. 그중에서도 케인스(John Maynard Keynes)가 꼬집은 동물적 충동(animal spirit)에 사로잡혀 투자한 부동산 거품이 터지며 발생한 2008년 금융위기를 겪으면서 자본주의에 대한 성찰과 비판이 폭발했다. 이미 자본주의에 대한 성찰적 비판에 대해서는 앞에서 고찰한 바 있다.

여기에서는 현시대 자본주의가 직면하고 있는 도전과 비판을 직시하면서 21세기 캐피털리즘을 재조명해보고자 한다. **갈등과 분**

열이 심화되고, 각자도생으로 충돌하며, 생명 회복력을 잃어가고 있는 자연파괴와 불신의 경제·사회생태를 복원하지 않으면 안 될 상황이 벌어지고 있다. 이런 점에서 21세기 캐피털리즘의 방향을 사회통합성을 높이고, 상생협력하는 사회적 자본을 업그레이드하면서, 생명력 회복을 통한 자연과 환경, 인간이 공존하는 번영된 자본주의에 두고자 한다.

1. 사회통합성 높이는 자본주의

사회통합성을 높이는 자본주의로 발전해야 한다. 사회통합성은 갈등과 분열이 없는 상태가 아니라, **갈등과 분열을 사회통합적으로 해소해가는 능력**을 말한다. 21세기로 역사의 페이지를 넘기는 과정에서 동구권 사회주의 경제권의 자본주의 경제권으로 흡수는 자본주의 체제의 비교우위를 입증한 대변혁이었다. 자유민주주의와 시장경제를 기반으로 자본주의는 2차 세계대전 이후 성장의 궤도를 지속해왔다. 하지만 자본주의의 숲이 넓어질수록 자본주의에 그늘 또한 길게 드리워졌다. **성장을 견인하는 물적 자본은 확대되**

었으나, 화합과 신뢰의 공간을 넓힐 사회적 자본과 인문·사회적 가치는 상대적으로 취약해지고 있다.

한국 사회도 1인당 국민소득 1만 달러 시대보다 3만 달러 시대에 더 분열과 갈등이 심화되었다. 계층 간 사회적 이동이 고착화되고 양극화와 격차는 악화되고 있다. 개인의 가치를 우선시하는 개인주의가 팽배해진 시대에 공동체 가치를 지키기가 힘들어지고 있다. 포용하고 화합하는 긍정적 심리보다 반목하고 비난하는 부정적 심리가 더해지고 있다.

사회의 질서인 예(禮)와 삶을 밝히는 지혜(智)가 밀려나고 진영, 팬덤과 같은 반(反)지성이 난무하면서 자유민주주의와 시장경제가 위협받고 있다. 이들 디스토피아(dystopia)적 현상들은 사회적 통합을 위협하게 되고 사회적 불안과 불확실성을 증폭시킨다. 복합적인 요인이 있겠지만, 삶과 꿈을 채워가는 데 큰 영향을 미치는 자본주의가 사회통합적인 역할을 소홀히 하지 않았나 생각한다.

자본주의 경제체제가 삶의 질을 높이고, 소득과 부를 증가시키며 형성된 중산층을 중심으로 정치적으로 자유와 인권에 대한 요구와 사회적인 영향력을 확대하는 시민세력이 등장하였다. 선진국 경제 국가들의 민주화 역사는 중산층을 비롯한 이들 시민세력이 민주주의 변화를 갈망하며 활발하게 참여해온 과정이었다.

이제 자본주의가 민주주의 발전에 기여해온 역사를 기반으로 사회통합과 화합을 높이는 데도 보다 적극적인 역할을 해야 할 것이다. 한국 자본주의도 예외가 아니다. 무엇보다도 윤리적 기반으로서 자본주의에 도덕감정과 정의, 공정의 인문·사회적 가치를 폭넓게 접목해야 한다. 즉 **자본주의가 사회적 공감대를 넓히고, 정의와 공정의 가치에 더 깊이 뿌리내리는 데 적극적이어야 한다**는 말이다. 아울러 취약계층과 저소득층이 경제·사회적 계층을 상향 이동하도록 중산층을 두텁게 해야 한다.

또한 사회통합성을 높이는 자본주의를 회복하는 데 있어서 **개개인의 자유와 도덕성**, 나아가 **공동체의 선진 시민정신과 도덕률**을 사회통합자본으로 축적해가야 한다. 자본주의에서 시장경제와 자유로운 경제활동은 없어서 안 될 필수 영양소이지만, 애덤 스미스가 '개인의 이기심과 도덕성이 균형 있게 조화를 이루는 자유'를 존중했다는 점에 주목해야 한다.

20세기 교육철학자 존 듀이(John Dewey)는 "개인의 자유는 시민으로서 갖춰야 할 기본 품성과 도덕적 품성을 계발하고 공익에 헌신하는 사회적 삶 속에서 실현될 수 있다"고 역설했다.[6] 개인을 넘어 공

사회통합성 높이는 자본주의
• 자본주의 윤리적 기반: 도덕감정, 정의와 공정의 가치 확산
• 존 듀이: 공동체 구성원으로서 시민정신과 도덕성 함양 → 민주시민의 체험, 실용주의 교육
• 사회통합의 인문적 기반 보강: 경제에 인문가치 접목
• 경제·사회적 계층 상향 이동 → 두터운 중산층 형성

동체 구성원으로서 역할과 책임을 다할 때 진정한 자유를 누릴 수 있다고 보았다. 이런 점에서 듀이는 특히 **공동체 구성원으로서 시민정신과 도덕성을 함양하는 민주시민의 체험과 실용주의 교육**을 중시했다. 이 교육은 학교교육에 국한하지 않고, 정치·사회단체의 체험교육, 언론을 통한 사회교육으로 확장될 필요가 있다.

OECD는 21세기 사회에서 개인의 보람 있는 삶과 사회 발전에 필요한 핵심역량을 규명(DeSeCo 프로젝트, Definition and Selection of Key Competencie)한 바 있다. 핵심역량으로서 자율적인 행동 능력, 도구의 지적 활용 능력과 함께 특히 사회적으로 이질적인 집단 안에서의 협력, 상호작용 능력을 선택했다. 이질적인 집단 안에서 협력하고 문제를 해결할 수 있는 능력을 강조한 것이다.

따라서 사회적 분열과 양극화가 심화되는 자본주의의 균열을 봉합하는 데 있어서 자본주의는 도덕적 나침반을 잃어버려서는 안 될 것이다. 상호 공감하며 절제하는 도덕감정과 함께 사회적으로 정의와 공정의 도덕적 나침반이 자리 잡을 수 있도록 자본주의가 인문·사회적 가치를 접목해야 한다. 더불어 공동체의 선진국 시민정신과 도덕성의 기반을 다져가야 할 것이다. 이런 점에서 **사회적 공감과 공정한 경제관계, 공동체의 선진 시민정신과 도덕성은 자본주의를 화합하고 통합시키는 핵심가치**다. 21세기 캐피털리즘이 추구하는 경제적 가치가 함께 번영하는 사회통합의 궤도를 실천해 갈 때 자본주의는 화합과 공존의 질서를 회복할 수 있을 것이다.

2. 상생협력 자본주의

21세기 초(超)연결시대를 맞아 공동체 속에서 더 적극적으로 상생협력하는 자본주의로 업그레이드해야 한다. **자본주의의 상생협력은 개방성, 수평성, 연결성을 통해 활성화된다.** 20세기형 자본주의는 중앙집중형으로 상의하달식의 수직적 피라미드식으로 작동했다면, **21세기형 자본주의는 분산되고 수평적으로 피드백하는 방식으로 경제 시스템의 민주화 시대를 열어가야 한다.**

네트워크와 플랫폼에서 축적된 데이터가 공유되고 서로 연결되어 협업을 이끄는 데이터 기반 자본주의는 수평적 통합 생태계로 발전하고 있다. 예를 들면 공급망이 다양화되고, 새로운 경제관계로서 공유경제가 확산되며, 디지털 플랫폼에서 새로운 사업과 고용의 기회가 창출되고 있다. 바야흐로 4차 산업혁명 시대의 경제 시스템은 수평적으로 연결하며 상생협력 생태계의 집합체로 전환되고 있다.[7] 실로 4차 산업혁명 시대는 개방적이고 수평적으로 연결되는 협업생태 속에서 기술혁신을 통한 새로운 인류문명을 열어가고 있다.

실제로 컴퓨터와 스마트폰, 인공지능과 메타버스에서 구현되는 글로벌 상호 연결성을 통해 지구촌을 서로 연결하는 플랫폼이 상생협력의 채널이다. 여기에 구성원들 간에 상생협력과 신뢰, 사회적 참여와 책임, 공동체의 규범과 가치 등 포괄적인 소프트웨어로서 사회적 자본을 업그레이드할 필요가 있다. 미국에서 '나 홀로 볼링(Bowling alone)'의 사회상이 표출되고 있는데 사회적 결속이 후퇴하고 홀로 볼링을 치는 각자도생의 사회적 단면을 빗댄 표현이다.

사회적 자본가인 하버드대학 로버트 퍼트넘(Robert D. Putnam) 교수는 "더 연결하고 더 신뢰하고 더 불평등을 줄여야 한다"면서

"이웃과 친구에게 손을 내밀어야 하고, 문도 두드려야 한다"고 강조했다. 그리고 사회적 자본을 '나와 같은 부류 사이의 **유대성 사회적 자본**(bonding social capital)'과 '성·계급·인종·종교 등 이질적인 부류 사이의 **연결성 사회적 자본**(bridging social capital)'으로 분류했다. 유대성 사회적 자본뿐만 아니라, 사회가 복잡해질수록 연결성 사회적 자본이 더 중요해지고 있음을 피력했다.[8]

이미 선진국 사회에서 기업들과 사회단체들이 **상생협력하는 사회적 자본을 업그레이드**하는 생태계 조성에 앞서고 있다. 우리 사회에서도 기업, 종교단체, 언론기관, 교육기관, 민간단체 등이 앞장서서 사회적 책임, 사회적 가치, 사회봉사 등 다양하게 사회적 자본을 실천하며 참여하는 상생협력이 확산되고 있다. 아울러 개방적이고 수평적으로 상생협력하는 자본주의 정신이 확산되도록 사회 각 분야에서 포용과 협치의 소프트 리더십을 더 적극적으로 발휘해야 할 것이다.

상생협력 자본주의
• 21세기형 자본주의: 개방적이고 수평적으로 연결하며 상생협력하는 시스템
• 상생협력 공간: 플랫폼 생태계
• 상생협력 사회적 자본 업그레이드: 유대성 사회적 자본, 연결성 사회적 자본

3. 번영된 자본주의

인간과 자연, 환경의 생명력을 회복하며 번영된 자본주의를 지향해야 한다. 자본주의의 물질적 풍요는 계속 번성해왔지만, 인문·자연 생태계는 무언가에 쫓기는 신세가 되었다. 실업 속에 양질의 인적자원은 부족하고, 자연 자본은 빠르게 고갈되는 가운데 사계절을 체감할 수 없을 정도로 점점 양극화되는 기후변화가 진행되면서 환경파괴는 인문 생태계까지 위협하고 있다. 글로벌 온난화(global warming)를 넘어 글로벌 열화(global boiling)와 극한 폭우가 인류의 삶과 사회 안전을 위태롭게 하는 상황이 벌어지고 있다. 지금껏 자본주의는 인간과 자연, 환경의 생명력을 바탕으로 발전해왔고, 이들 생명력에 힘입어 자본주의는 진보해왔다.

성장의 시대를 이끈 자본주의가 인간과 자연, 환경을 효율적으로 활용해왔다면, 앞으로 성장을 넘어 번영의 시대를 열어갈 21세기 캐피털리즘은 인간과 자연 및 환경과 상호작용하고 공존하며 선순환하지 않으면 안 될 것이다. 이것을 통해 자본주의의 생명력을 회복해야 한다. **자본주의 생명력 회복은 자본주의 생태인 인간과 자연, 환경에 대한 책임과 공존을 실천적으로 자본주의가 받아**

들일 때 가능하다.[9]

자동화와 로봇, 자동제어 시스템, 컴퓨터와 인공지능의 진화로 인한 노동자 대체는 노동자들의 실업은 증가하는데도 실제 필요한 인력을 구하기 힘든 노동력 빈곤으로 말미암아 소비자들의 부채를 증가시키고 소비를 위축시키고 있다. 심지어 미래학자 제러미 리프킨은 '**노동의 종말**(The End of Work)'을 경고한 바 있다.

이제 번영된 자본주의를 이끌 인적자원의 생명력을 회복하는 노력을 해야 한다. 자본 대 노동의 대립 구도가 아닌 노동과 자본의 융합, 즉 지금은 인적자본으로서 창의성을 발휘하는 인재를 필요로 하는 인재시대이다. 그러기 위해 자본주의는 노동의 가치를 창의적으로 고급화하고 지속적으로 생산성을 업그레이드할 수 있도록 더 많은 투자를 해야 한다. 또한 일자리 수요와 공급의 미스매치, 인력 수요와 공급의 미스매치, 그리고 인재 수급의 갭을 줄임으로써 사회 전체적인 생산성을 높여야 할 것이다.

자연은 자본이다. 자연은 이용만 하는 대상이 아니라 축적하는 자본으로서 생명력을 회복시켜야 한다. 자연은 오랜 기간 동안 토양과 물, 생물과 기후에 의해 축적된 복합체이다. 유실된 자연을 복원하는 데에는 엄청난 투자와 시간이 소요된다. 산업혁명 이후 지난 수 세기 동안 자본주의는 자연과 충돌하며 환경과 마찰해왔다. 밀려오는 기후변화와 환경오염, 지구온난화와 사막화는 지속 가능한 자본주의 발전의 리스크로 다가오고 있다.[10]

조선 후기 정치가, 지리학자였던 이중환은 인문지리서인 『**택리지**(擇里志)』를 저술했다. 안락하게 살 수 있는 낙원을 찾아 전국을 돌아다녔다. 그는 사대부가 살 만한 곳으로 택할 기준을 '지리(地理), 생리(生利, 경제), 인심(人心), 산수(山水)'가 좋아야 한다며 네 가지로 분류하여 8도 인문지리를 살폈다. 자연과 사람들의 풍속, 경제와 인문을 섭력한 그의 실학정신이 스며 있는 저서이다. 택리지는 위의 네 가지 기준이 모두 충족되어야 살기 좋은 곳으로 구분하며, 이 네 가지 기준이 공존하는 가치를 존중했다.[11] 이런 점에서 택리

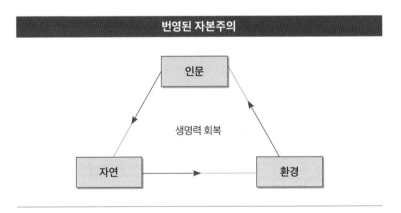

번영된 자본주의

인문

생명력 회복

자연

환경

지의 전체적인 흐름의 중심에는 인간과 자연의 조화, 즉 인간과 자연의 융화가 자리하고 있다. 여기에 인간도, 번영된 자본주의도 인간과 자연이 공존하는 생명력 회복의 정신이 배어 있음을 발견하게 된다.

21세기 성장을 넘어 번영된 자본주의는 자연과 환경, 인간이 공존하는 생명의 길로 재설정하지 않으면 안 될 근본적인 변화를 요구하고 있다. 자연과 인문·사회적 가치를 가벼이 여기고, 생명의 회복력을 위한 거대한 변화에 동참하지 않는 자본주의는 번영할 수 없을 것이다.

◆◆◆

21세기 캐피털리즘 – 사회통합, 상생협력, 생명력 회복

선진국 자본주의 경제 → 갈등과 분열을 사회통합적으로 해소해가는

사회적 공감대 확장과 시민정신,

상생협력하는 사회적 자본 업그레이드,

인간과 자연, 환경이 공존하는 번영된 자본주의

선진국 경제 가치관 – 행복 · 융화 · 공감

소득을 넘어 행복으로 접근하는 행복경제의 설계,

단절과 분리가 아닌 상호작용과 조화를 넓히는 포용적 협력경제로서 융화경제,

그리고 공존과 공감의 인문가치를 더해 개개인을 공동체 시민으로서

서로 공감하며 사회적 관계를 확장하는 공감경제

한국 선진국 경제 가치관,
그리고 그 너머

Economy Dignity

자연·물리적 환경은 비슷한데도 경제 가치관에 따라 경제발전의 양상에 엄청난 차이가 있는 국가들을 우리는 보아왔다. 외적 요인들도 영향을 미치지만, 더 근본적인 요소는 경제가 과연 어떤 가치관을 추구하는가이다. 이에 따라 판도가 달라질 수 있다.

제4부는 선진국 경제로서, 경제상으로서 한국 경제가 심화시켜가야 할 가치관을 다루게 될 것이다. 그 핵심가치를 소득을 넘어 행복으로 접근하는 행복경제의 설계, 단절과 분리가 아닌 상호작용과 조화를 넓히는 포용적 협력경제로서 융화경제, 그리고 공존과 공감의 인문가치를 더해 개개인을 공동체 시민으로서 서로 공감하며 사회적 관계를 확장하는 공감경제로 풀어본다. 아리스토텔레스는 "행복은 인간이 올바른 지성과 좋은 품성을 함양하고 사회 속에서 덕성을 실천하는 과정에서 성취된다"고 보았다.

행복·융화·공감의 선진국 경제 가치에는 경제가 사람과 사물 사이의 관계에 머물지 않고, 사람과 사람 및 자연과의 관계로서 인문·사회적 가치를 반영해야 한다는 데 주안점이 있다.

경제·사회적인 측면을 포괄하는 행복경제의 콘텐츠로서 행복경제의 물적 토대인 지속적인 경제성장을 통한 소득 증가와 부의 추구, 인문·사회적 관계로서 상호 간에 형성해야 할 관계재의 확장, 자율적인 질서를 존중하고 건강한 사회를 지탱하는 기반으로서 자유, 정의와 공정의 확산이 필요하다.

융화경제는 함께 번영하는 선진국 경제의 가치다. 무엇보다 융화경제의 생태 기반 조성이 필요하다. 경제적으로 포용적 협력 기반을 확산하고, 지속 가능한 융화경제의 기반으로서 교육과 고용 형평성을 높이며, 사회적으로 포용성을 심화시키는 생태계를 재구조화하는 것이 바람직하다고 진단했다.

경제 규모와 덩치는 커지는데 경제주체인 인간은 더 소외되고 공감경제의 생태계는 척박해졌다. 공감경제의 기반으로서 협력관계를 증진시키도록 경제·사회적 구조의 개방성과 수평성을 높이는 조직문화, 다양하고 자발적인 상호 교류와 관계를 촉진할 상호성과 관계성을 업그레이드하며, 공감대를 형성하는 과정으로서 다양한 플랫폼을 통한 사회적 공감회로를 활성화하는 데 초점을 맞췄다.

1인당 국민소득 3만 달러를 넘어선 세계 경제 10대 대국으로서 한국 경제의 엔진을 뜨겁게 할 가치관에 대해 논의하는 것은 매우 가치 있고 희망적인 서사이다. 자연·물리적 환경은 비슷한데도 경제 가치관에 따라 경제 발전의 양상에 엄청난 차이가 있는 국가들을 우리는 보아왔다. 외적 요인들도 영향을 미치지만, 더 근본적인 요소는 경제가 과연 어떤 가치관을 추구하는가에 따라 판도가 달라질 수 있다.

지금까지 한국이 선진국 경제로서 견지해야 할 핵심적 가치로서 선진국의 길, 소프트웨어를 다지는 두터운 경제, 한국 경제를 이끌 소프트파워, 그리고 도전받고 있는 자본주의 윤리와 정신을 다각도로 고찰해왔다. 선진국 경제 가치관은 이러한 분석을 수렴하여 **한국 경제의 미래를 품위 있게 확장시키며, 앞으로 글로벌 리더 국가로 발전하는 가치관**이다. 이런 점에서 선진국 경제의 핵심가치를 성장과 소득을 넘어 행복으로 접근하는 '행복경제', 정치·사회적 갈등과 분열 속에서 단절과 분리가 아닌 상호작용과 조화로운 '융화경제', 그리고 공존과 공감의 인문적 가치를 더하여 개개인을 공동체 시민으로 공감대를 넓히는 '공감경제'로 설계한다. 이들 선진국 경제의 메트릭스를 기반으로 하여 한국이 추구해야 할 선진국 경제 가치관을 점검하고자 한다.

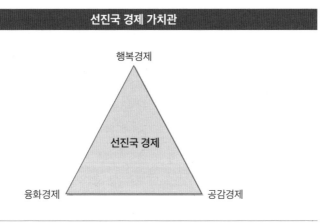

선진국 경제 가치관

행복경제

선진국 경제

융화경제　　　　공감경제

제1장

◆

다시, 행복경제

1. 행복론의 진화[1]

행복에 대한 논의는 고대 서양철학에서 비롯되었다. '행복은 인간이 올바른 지성과 좋은 품성을 함양하고 사회 속에서 덕성을 실천하는 과정에서 객관적으로 성취된다는 아리스토텔레스의 경험주의 전통'과 '행복을 신체적·정신적 고통과 불안이 없는 쾌락에서 주관적으로 구하는 에피쿠로스의 감각주의 전통'이 있다.

아리스토텔레스는 "행복하기 위해서는 지성과 품성과 같은 개인적인 영역도 갖춰야 하지만, 사회와 공동체 속에서 선(善)을 행하는 덕성(arete, 중용을 지키는 것)을 함께 추구해야 한다"는 개인적이고 사회적인 속성도 함께 포함하고 있음을 강조했다. 이런 점에서 인간의 욕구나 쾌락 추구는 사회적으로 선(善), 즉 덕성(공동선)을 실천하기 위한 수단으로 보았으며, 행복(에우다이모니아, eudaimonia)을 지성과 품성을 바탕으로 사회적 선(善)을 행하여 좋은 삶과 행복한 사회를 추구하는 객관적인 상황에 관심을 두었다.

아리스토텔레스의 객관적 행복론은 사람들이 사회적 관계 속에서 공동선을 행하는 사회적·경험적 덕목으로 확산되었고, 그 후 행복한 시민사회가 이루어지도록 하는 공간을 시장과 연결시켜 시민경제학으로 진화되었다. 행복경제학을 배경으로 한 시민경제학은 '시장을 단순히 경제적 이익을 서로 교환하는 공간이 아니라, 사람들이 시민으로서 서로 소통하고 사회적 관계를 맺으며 덕성(공동선)을 실천하는 공간'으로 받아들였다. 이런 점에서 행복한 시민사회는 좋은 경제적·사회적 관계를 형성하며 공동선을 발현함으로써 공동체의 상생협력이 이루어질 수 있다는 통찰이야말로 시민경제학이 발견한 시민사회의 행복론이었다.

반면 철학자 **에피쿠로스**(Epicurus)는 "행복한 삶은 고통과 불안에서 벗어나는 쾌락(기쁨, 즐거움)에 있고, 인간의 욕구 충족을 마음속의 쾌락을 최대화하는 데 두어야 한다"는 것이다. 사람들이 마음속에 느끼는 쾌락의 정도나 고통의 깊이에 따라 행복의 질적인 차이가 발생하기 때문에 행복을 주관적인 심리적 세계로 받아들이고 있다. 흔히 "행복은 마음먹기에 달려 있다"는 말은 마음속에 쾌락과 즐거움을 느끼는 삶은 행복해진다는 에피쿠로스의 행복론과 맥을 같이하고 있다고 볼 수 있다. 이런 쾌락주의적 행복론의 핵심은 순간적이고 동물적인 맹목적 쾌락이 아니라, 고통과 불안이 없는 지속적이고 안정적인 마음의 즐거움을 추구하는 데 행복의 가치를 두고 있음에 주목할 필요가 있다.

존 스튜어트 밀은 쾌락에도 질적인 차이가 있음을 주장하면서 "배부른 돼지가 되기보다는 배고픈 인간이 되는 것이 낫고, 만족스런 바보가 되기보다는 불만스런 소크라테스가 되는 게 낫다"고 경고했다.[2] 또한 자주 인용되는 **벤담**(Bandam, J.)의 '최대 다수의 최대 행복'이라는 공리주의 철학은 공리(功利)의 기준을 쾌락에 두고, 최대 다수의 쾌락을 사회적으로 최대 행복으로 받아들였다는 점에서 에피쿠로스의 전통에 뿌리를 두고 있다고 봐야 할 것이다. 공리주의 철학자인 존 스튜어트 밀과 벤담의 쾌락주의 행복론은 인간의 쾌락이 소득과 부(富), 그리고 사회적 요인에 영향을 받기 때문에 이들 요인과 행복의 관계를 규명하는 행복경제학으로 발전했다. 예를 들면 지금까지 많은 논란이 되어왔지만, 소득과 부에 비례해서 행복이 증진된다는 행복경제학의 부류가 여기에 속한다.

2. 애덤 스미스의 행복론[3]

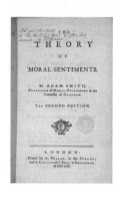

『도덕감정론』

애덤 스미스의 저서 『도덕감정론』은 행복론을 조명한 고전으로도 높게 평가받고 있다. "인간은 자신의 재능을 발휘하여 모든 사람이 행복하게 자신과 다른 사람들이 처해 있는 외부 환경을 변화시키도록 창조되었다"라고 일갈했다. 나아가 스미스는 '인간이 물질적인 욕구를 충족시키며 행복하기를 원하면 진정한 행복에 이르지 못하고 도덕감정의 타락을 초래하는 비극적인 상황에 처할 수 있음'을 경고했다.

애덤 스미스는 '행복의 내면적 조건으로 **마음의 평정, 즉 평정심**'에 주목했다. 마음이 행복의 문을 여는 열쇠가 된다는 것이다.

마음이 증오나 나쁜 감정으로 차 있거나 시기심과 질투심으로 병들어 있는 마음의 밭에는 행복이 오지 않는다는 마음세계에 집중했다. 스미스는 행복의 과정과 정도에 대해서도 논의했다. 먼저 인간이 쾌락과 욕구를 추구함은 자연적인 본성이지만, 순간적이고 감각적이며 육체적인 쾌락은 마음의 평정을 구하지(求心) 못하므로 진정한 행복에 이르지 못한다는 것이다. 쾌락이 마음의 상태에 전달되는 성향에 따라 행복의 색상도 달라진다는 말이다.

그러면 쾌락과 욕구의 충족이 과연 행복을 가져오게 되는지, 분별하는 기준을 어디에 둬야 하는가? 애덤 스미스는 '도덕적 판단의 기준으로 도덕감정, 즉 공감'을 제시했다. 합리적이고 균형 잡힌 도덕감정을 기준으로 삼아 쾌락과 욕구 충족이 절제 속에서 공감을 얻어 마음의 평정을 유지하는 데 부합하면 행복감을 느끼게 된다는 것이다. 나아가 "도덕적 판단의 기준인 도덕감정, 즉 공감 수준에 따라 마음의 평정심과 행복도 비례한다"고 주장했다. 어떤 욕구 충족과 쾌락이 높은 수준의 도덕감정을 바탕으로 공감을 얻는다면, 더 큰 즐거움과 평정심을 가져와서 행복 수준도 높아진다는 것이다. 예를 들면 증오나 시기심에서 쾌락을 추구하고 욕구를 충족하여 절제되지 않은 낮은 공감을 얻게 된다 하더라도 일시적인 마

> ### 애덤 스미스의 행복론
>
> - 애덤 스미스의 저서 『도덕감정론』: 인간은 자신의 재능을 발휘하여 모든 사람이 행복하게 외부 환경을 변화시키도록 창조되었다.
> - 행복의 내면적 조건: 마음의 평정(평정심)
> - 쾌락과 욕구 충족이 도덕감정, 즉 공감을 얻어 마음의 평정을 가져올 때 행복을 느낀다.
> - 경제적인 가치가 도덕감정의 판단 기준에 부합하도록 행복경제를 지향해야 한다.

음의 쾌감을 느끼게 될 뿐 행복은 쉽게 사라져서 공허함에 빠지게 된다.

따라서 스미스의 행복론에 의하면, "맹목적인 쾌락과 욕망 충족은 공감을 얻지 못하여 지속적인 평정심을 낳지 못하므로 행복으로 이어지지 못한다." **도덕적 판단을 기초로 하는 절제와 공감을 얻는 욕망 충족과 쾌락만이 마음의 평정을 가져와서 행복한 삶으로 체화될 수 있으며, 그 행복의 수준은 도덕감정으로서 절제와 공감 정도에 비례한다고 보았다.** 이런 점에서 스미스의 행복론은 쾌락을 추구하며 욕망을 충족시키고 싶은 인간의 자연적 본성을 받아들이면서도 도덕감정이라는 나침반이 가리키는 진정한 행복을 마음세계에 두고 있다는 점에서 행복한 삶의 영역에 도덕적 공감과 이성적 절제를 접목시킨 통찰이 아닐 수 없다.

이런 맥락에서 애덤 스미스의 행복론, 즉 모든 쾌락과 욕망 충족이 행복으로 이어질 수는 없다고 보고 도덕감정을 강조한 것은 경제적 관점에서 행복한 경제를 어떻게 접근해야 할지, 중요한 혜안을 던져주고 있다. 다시 말하면 행복이 물적 요소로만 증진될 수 없고 도덕감정을 유발하는 인문·사회적 요소에도 의존된다는 관점은 행복경제가 지향해야 할 경제적·정신적 도메인을 함께 내포하고 있다.

3. 행복경제 설계

행복은 경제학의 출범부터 오늘날 인류문명사에 이르기까지 지속적으로 추구해온 인류 보편적 가치다. 행복경제에 대한 관심이 높아진 것은 '경제 발전, 특히 경제 규모(예: GDP)가 커지면 행복도가 올라갈 것이다'는 상식이 무너지면서 비롯되었다. 자본주의 경제권에서 2차 대전 이후 GDP는 지속적으로 증가해왔지만, 행복 수준은 여기에 미치지 못했던 게 사실이다. 이른바 행복의 역설이다.

'행복의 역설'에 관한 주장을 추적해보면, "소득이나 부의 증가가 웰빙에 미치는 효과는 일시적일 뿐 지속되지 않는다"는 심리학적 연구 결과(Brickman, P. and Campbell, D., 1971)와 "소득이 일정 수준을 넘어서면 더 이상 행복해지지 않고, 인생 전체에 걸쳐 볼 때 소득의 변화는 행복과 실질적으로 관계가 없다"는 경제·인구통계학자 이스털린(Easterlin, R., 1974)에 의해 촉발되었다.⁴ 실로 행복의 역설은 경제를 넘어 아직도 인류 사회가 직면한 딜레마가 아닐 수 없다. 이미 유엔은 사회적 웰빙지수로서 인간개발지수(Human Development Index)를, 부탄은 국민총행복지수(Gross Naional Happiness Index)를 개발하여 활용하고 있지만, 행복의 현주소를 반영하는 데에는 극히 제한적일 수밖에 없는 상황이다.

행복경제의 수준을 지수로 개발하여 정량화하는 데 논란이 많을 뿐만 아니라, 지수 자체가 갖는 한계도 있다. 여기에서는 지수접근 방법보다 행복경제를 둘러싼 감성적인 영역과 '충족해야 할 영역'을 연계시켜 행복경제를 채울 콘텐츠를 설계해보고자 한다.

첫째로 지속적인 경제성장을 통한 소득의 증가와 부(富)의 추구는 행복경제의 물적 토대이자 필수적인 요건이다. 저소득과 빈곤, 삶의 기본적인 욕구가 충족되지 않은 상태에서 자신의 재능을 발휘하기가 어렵고, 행복의 바탕인 마음의 평화를 유지하기도 어렵다. 인간은 누구나 소득과 부를 추구하며 행복한 삶에 대한 꿈을 실현하기를 원할 것이다. 앞에서 살펴본 바와 같이 절제와 공감이라는 도덕감정의 바탕 위에서 물질적인 충족은 행복경제의 물적 토대가 될 수 있다.

경제성장도 마찬가지다. 앞으로는 행복경제를 기초로 하여 경제성장의 내용과 질이 설계되어야 바람직하다. 성장률의 수치가 아니라, 경제성장의 가치가 행복경제를 지향해야 한다는 것이다. 이런 점에서 행복경제로 나가는 경제성장의 가치는 인간과 자연의 생명력을 높이는 경제성장, 삶의 질적 개선을 촉발하는 경제성장, 포용과 형평성을 넓히는 경제성장에 비중을 더 많이 두고 해법을 찾아가야 할 것이다.

둘째로 **소득과 부와 같은 경제적 요소들과 함께 사회적 관계의 요소로서 관계재가 인문·사회적 가치로서 행복경제에 결합되어야 한다.** 시장경제는 경제적 관계를 통해 소득과 부를 생산·분배·소비한다. 인간은 사회적 존재이기 때문에 소득과 부를 기반으로 공동체 구성원들과 함께 어떤 인문·사회적 관계를 형성하게 되는지는 행복에 중요한 영향을 미친다. **행복은 다른 사람들의 행복을 필요로 한다.** 인간애를 나누고, 협력적인 문화를 확산하면서 신뢰와 유대를 쌓아가도록 인문·사회적 관계가 발전된다면, 행복의 공간도 넓어질 것이다. 반면 분노와 갈등, 적대와 혐오, 질투와 시기심으로 인문·사회적 관계가 오염된다면, 행복의 공간은 좁아질 것이다. 이미 의과학적 실험 결과, 좋은 사회적 관계와 연결은 도파민, 엔도르핀, 세라토닌 분비를 촉진시켜서 행복감이 올라간다고 알려져 있다.

아리스토텔레스는 사람들이 사회적 관계 속에서 **덕성, 즉 중용의 미덕**을 실천하고 확산해가야 사회적으로 행복하게 된다고 역설했다. 다른 사람들과 상호성과 관계성이 좋으면 사람들을 더 행복하게 해준다는 사실은 여러 사회에서 발견되고 있다. 이런 점에서 행복경제의 사회적 기반을 넓히기 위해서는 도덕감정을 바탕으로 한 경제적 요소와 신뢰와 유대를 존중하는 인문·사회적 관계가 함께 발전해야 한다. 이 연결고리로서 관계재의 역할이 중요한 의미를 갖는다.

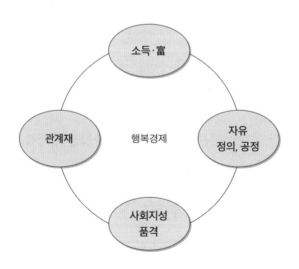

관계재(relational goods)는 우리가 다른 사람들과 관계를 맺고 상호작용하면서 형성되는 비물질적 재화이다. 즉 사람들과의 관계 자체가 창출하는 가치재화가 관계재이다. 예를 들면 신뢰, 다른 사람들과 사회적 관계를 하면서 상호 배려, 우정, 친절, 헌신, 애정, 선행 등 상호 간에 창출되는 인문·사회적 재화이다. 무형의 재화로서 관계재는 '사회적 소통 속에서 형성되므로 상호성과 호혜성'을 갖는다. 관계재로서 관계재는 '가치는 갖되 가격은 없는 무상성'이 특징이다. 이런 까닭에 '관계재는 사회적 관계 속에서 나누고 소비하면 할수록 바람직하기 때문에 경쟁적이지 않다.'[5]

따라서 관계재는 사회 속에서 사람들이 서로 교류와 관계를 하면서 생산되고 소비되기 때문에 좋은 관계재를 확산하기 위해서는 인간의 삶을 풍요롭게 하는 인문정신이 관여되어야 한다. 휴머니즘을 바탕으로 인문가치를 살리고 인간애와 공동체에 대한 애정과 유대를 넓히는 인문정신은 좋은 관계재로서 역할하게 됨으로써 행복한 삶과 행복경제를 촉진시킬 것이다.

국제적으로 노르딕 국가들, 노르웨이, 스웨덴, 핀란드는 행복 수준 평가에서 최상위를 차지하고 있다. 특히 이들 북유럽 국가들은 협력적인 문화, 신뢰하고 배려하며, 자유와 연대하는 좋은 관계재를 공동체 속에 형성하고 있다. 개인, 조직, 사회, 국가적인 차원에서 좋은 관계재를 지속적으로 축적하여 행복경제와 행복사회의 인문·사회적 인프라를 확충해야 할 것이다.

셋째로 **자유, 정의와 공정의 확산은 행복경제를 증진시킨다.** 자유, 정의와 공정은 자율적인 질서를 존중하고 건강한 사회를 지탱하는 토대가 된다. 자유는 기본권으로서, 정의와 공정의 가치는 개인의 삶과 공동체가 함께 번영하도록 이끈다. 정의와 공정은 자유를 기초로 한 개별적 가치를 사회적 가치로 확장시키는 사회적 덕목이기도 하다.

애덤 스미스는 『국부론』에서 "모든 계층의 최고의 번영을 효과적으로 보장하는 단적인 비결은 완전한 정의·자유·평등을 확립하는 것이다"라고 설파했다. 도덕감정을 일탈한 개인의 이기심과 탐욕, 그리고 시장경제의 실패는 정의와 공정의 제도적 장치에 의해 교정되어야 행복경제로 나아갈 수 있다는 것이다.

애덤 스미스는 "사회 전체의 행복 추구는 개인의 행복 추구보다 더 상위의 덕성이다"라고 강조했다.[6] 하지만 현실은 이런 상위의 덕성인 공동체의 행복과 개인의 행복 사이에 충돌과 마찰이 일어나는 경우가 많다. 개인의 행복이 사회 전체적인 행복을 염두에 두지 않은 채, 각자도생식의 행복관이 불거지는 상황이 벌어지면서 행복의 사회적 기반이 얕아지고 있다. 자유와 함께 정의와 공정을 개인뿐만 아니라 사회 전체의 행복에 중요한 기반으로서 끊임없이 다져야 한다는 것은 이런 까닭이다.

실제로 자유, 정의와 공정을 경제적으로 구현하기 위해서는 제도적인 기반과 정책적인 토대가 중요하다. 시장경제에서 자유롭게 경제활동이 창의적으로 이루어지고, 정의와 공정의 기준을 준수하는 경제 시스템의 제도화를 통해 물적 추구와 경제적 행복을 지향하는 데 견제와 균형의 역할을 해줘야 할 것이다. 또한 정부의 경제정책이 자유, 정의와 공정에 기초를 두고 설계되고, 이에 부합하도록 집행됨으로써 정책적인 차원의 노력이 수반되어야 할 것이다.

넷째로 자연생태와 마찬가지로 행복의 생태도 나무와 숲으로 어우러져 있다. 개개인의 지성과 품성뿐만 아니라 사회지성과 품격에 의해서도 영향을 받는다. 좋은 나무로서 성장하도록 사회의 생태가 울타리 역할을 해줘야 한다. 행복경제가 국민의 행복으로 스며들기 위해서는 사회지성과 품격이 뒷받침되어야 한다. **사회적 엔트로피**(쓸모없는 에너지 손실, 무질서 정도)**를 감축시켜야 할 것이다.**

정치 갈등과 분열이 사회적 스트레스를 가중시키고 반지성적 엔트로피를 유발시킨다든가, 사회적·심리적으로 분노와 증오에 빠져 있는 계층이 해소되지 않는다면, 경제적으로 삶이 진보한다고 하더라도 경제·사회적 행복으로 이어지기 어려워질 수 있다. 정치·경제·사회적 엔트로피가 감축되도록 사회지성과 품격을 업그레이드해야 한다. 공동체의 구성원으로서 시민지성과 품격을 더하는 지성교육, 증가하고 있는 반지성적 엔트로피에 소금과 빛으로서 언론의 역할, 사회적 스트레스를 뿜어대는 정치권에 대한 국민의 심판, 그리고 사회 품격을 높일 인문 소양과 정신을 함양하고 확산하는 범사회적인 노력과 참여가 수반되어야 할 것이다. 선진국 경제의 가치가 궁극적으로 행복경제의 기반을 넓히는 데 있다는 공감대가 확산되도록 좋은 사회 생태계 조성이 바람직하다.

지금까지 살펴본 행복경제에 영향을 미치는 요소들을 기초로 하여 선진국 경제 가치를 반영한 행복경제 함수를 설계하면 다음과 같다.

$$HE = F(Y, R, LJF, H, S, SI, B, O)$$

(HE: 행복경제 수준, Y: 소득, R: 관계재, LJF: 자유·정의·공정,

H: 건강, S: 공감, SI: 사회지성·품격, B: 부정부패, O: 기타)[7]

제 2 장

◆

손에 손잡고, 융화경제

사회는 조화를 이룰 때 공존하며 협력하는 융화로 나아갈 수 있다. 경제도 마찬가지다. **융화경제는 함께 번영해가는 선진국 경제 가치다.** 20세기에서 21세기로 넘어오면서 불평등과 양극화는 심화되었다. 양극화로 소득계층 간 이동이 약화되었고 소득격차도 벌어졌다. 고령화 사회가 빠르게 진전되면서 세대 간 일자리 마찰과 세대 간 문화적 차이가 불거지고 있다. 세기 전환을 겪으면서 정치·경제·사회·문화적 융화는 퇴보하고 있지 않나 우려되는 상황에 처해 있다.

무엇보다 융화경제의 생태기반 조성이 필요하다. 경제적으로 포

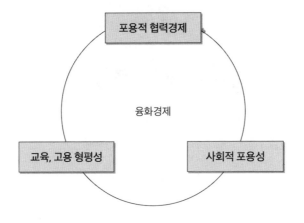

용화경제

포용적 협력경제

교육, 고용 형평성

사회적 포용성

용적 협력기반을 확산하고, 지속 가능한 융화경제의 기반으로서 교육과 고용 형평성을 높이는 것이다. 그리고 사회적으로 포용성을 심화시키는 생태계를 재구조화하는 것이 바람직하다.

1. 포용적 협력경제로서 융화경제

상생협력 생태계를 확산하고 포용적 협력경제로 나아가야 융화경제의 회복력을 높일 수 있다. 경쟁과 협력, 융화가 선순환하면서 자본주의의 한계와 취약점을 보완해가지 않으면 안 된다. 경쟁을 통해 부가가치는 증가하지만, 상생협력이 있어야 시장경제는 공고

해질 수 있다. 여기에 포용적 협력을 바탕으로 조화롭게 공존하는 융화가 이루어져야 함께 번영할 수 있을 것이다. **우리 경제 각 분야에 불협화음이 크고 마찰과 충돌이 잦아들지 않고 있는 주요 요인으로 포용적 협력의 기반이 넓지 못하다는 점을 꼽을 수 있을 것이다.** 포용적 협력을 촉발할 공통점을 찾고, 그 협력의 기회를 확대하기 위한 접점을 도출해야 한다. 예를 들면 국제적으로 사회적 가치를 확산시키고 있는 ESG와 탄소저감, 젊은 세대가 바라는 공정과 노년 세대의 성실과 헌신의 연대, 워라밸과 소명감의 접합, 그리고 대기업과 중소기업 간 업무혁신과 생산 노하우를 공유하며 공동 대응하는 대·중소기업 접점의 기회를 조성해가는 것이다.

공통점을 찾기보다는 차이점을 부각시켜 논쟁과 대립으로 가는 것은 분열경제로서 융화경제를 파괴하는 행위다. 복합적인 경제 지평이 포용적 협력으로 채워지지 않는다면 경제는 안정된 유기체로 발전할 수 없음을 우리는 경험하고 있다. 실로 경제적 잠재력을 효과적으로 발휘하게 하는 힘은 다양한 요소들의 융화로부터 나온다. 특히 대기업과 중소기업이 상생협력하는 공급망 구축, 지역사회와 소상공·자영업의 동반발전, 다양한 세대가 참여하며 노동 유연성을 높이는 일자리 융화, 신(新)이민시대를 열어가기 위한 외국인들과의 문화적 융화 등 **상생하고 공존하는 포용적 협력경제**의 융화기반을 적극적으로 확산시켜야 할 것이다.

2. 교육과 고용 형평성 높이는 융화경제

무엇보다 교육기회와 고용기회의 형평성을 높이는 것은 지속 가능한 융화경제의 기반이 된다. 한국은 높은 대학 진학률과 통계적으로 낮은 실업률을 보이고 있지만, 교육과 고용 기회의 형평성을 선진국 융화경제 차원에서 업그레이드해야 한다. 필자가 분석한 결과에 따르면, 우리 사회에 있어서 **교육을 통한 사회적 계층 이동성**은 저조한 것으로 나타났고, 교육수준(대학 이상, 고등학교, 중학 이하)에 따라 소득계층이 양극화·고착화되는 경향을 보였다. 고등교육에 대한 기회를 더 많이 제공함으로써 교육기회의 형평성을 획기적으로 높여야 한다는 점을 제안한다. 또한 일자리 유형별(전문관리직, 준전문관리직, 일반숙련자, 저숙련자) 소득계층 이동성에 있어서도 준전문관리직을 제외하고는 저조한 것으로 분석되었다.[8]

학력별, 세대별, 직종별 고용기회의 형평성 역시 융화경제 측면에서 해소해가야 할 과제이다. 고용기회의 형평성은 교육기회의 형평성과도 밀접하게 연관된다. 교육기회의 형평성을 높이는 것은 고용기회의 형평성을 높이는 데 기여할 것이다. 특히 한국의 경직되고 이중적인 노동시장 구조하에서 젠더 고용기회의 형평성을 높이는 문제는 시급하다.

저출생·고령화 시대의 노동력 부족을 완화하고 생산성을 높이는 차원에서도 여성들에게 고용기회 확대는 융화경제 차원에서 적극적으로 실효적인 대책을 개발해야 할 것이다. 최근 30대 여성들의 경제활동참가율이 급증하고 있는 변화는 고용기회의 형평성을 높이고 융화경제를 증진시키는 적극적인 사회현상이라고 볼 수 있다.

미국의 경우 주립대학에서 그 주에 거주하는 학생들에 대한 대학 진학의 접근성을 높여주는 정책은 취약계층에 대한 교육기회의 형평성을 배려하는 조치라고 볼 수 있다. 또한 다양한 인종, 외국인, 여성 등에 대한 고용기회의 형평성을 높이기 위한 동기를 부여하고 있다.

3. 사회적 포용성 넓히는 융화경제

불평등과 양극화의 심화는 소득격차를 벌리고 경제·사회적 갈등과 분열을 초래함으로써 계층 간 이동성과 융화기반을 약화시킨다. 필자의 연구 결과에 의하면, 한국의 소득 불평등은 외환위기 이전인 1990년대 초중반까지 OECD 회원국가 중에서 낮은 그룹에 속했으나, 외환위기 이후 소득 불평등이 악화되어 유럽과 선진국들의 중간 수준에까지 올라갔다. 게다가 소득 불평등 정도에 비해 소득 집중도와 양극화는 매우 높은 그룹에 속한다. 특히 우리 사회가 급격히 고령사회로 접어들면서 노인 빈곤율은 OECD에서 가장 높은 그룹에 머물러 있는 상황이다.[9]

한국은 그동안 사회적 포용성 측면에서 다양한 복지정책과 지원 대책을 도입했다. 지난 20년 동안 복지사업이 증가하면서 복지비용도 급증했다. 아직도 더 많은 복지에 대한 요구는 여전하다. 복지 증대에 대한 압박은 더 거세지고 있지만, 복지기금이 고갈되는 시점은 앞당겨질 것이라고 전망되고 있다. 복지재정이 펑크 난 선진국의 실패 전철을 밟지 말아야 한다.

무엇보다 사회적 포용성을 넓히는 실효성 있는 생태계 조성에

주목해야 한다. 사회적 포용의 대상은 다양하고 복잡하므로 생태계를 조성하여 민·관이 다각도로 참여·협력하는 관계망이 필요하다. 곁가지를 꼽는 식의 땜질 방법이 아니라, 사회적 포용성을 고도화할 생태계로서 재구조화하는 것이 바람직하다. 정치적 동기에 의한 복지 확대나 복지 포퓰리즘은 복지비용을 부풀리는 데 비해 사회적 포용성의 효과는 낮다. 복지제도의 수급체계, 복지 포퓰리즘, 복지 사각지대 등 복지제도에 대한 총체적인 점검과 개혁이 필요하다고 본다. 저소득층과 빈곤층에 대한 생산적 복지와 사회 안전망을 보강하고, 특히 취약계층에 대한 교육기회와 고용기회를 지원하고 확충하여 사회적 포용성을 넓혀야 할 것이다.

◆◆◆

융화의 기반 – 조화, 공존, 협력, 포용

융화경제의 생태계 → 상생하고 공존하는 포용적 협력경제,

교육과 고용 형평성 업그레이드,

사회적 포용성 넓히는 민·관이 참여하는 관계망 확충

제 3 장

◆

지금, 공감경제

공감하고 참여하는 사회적 관계는 경제를 역동적이며 감동적으로 바꾼다. 심리학적으로 공감대가 넓은 조직일수록 구성원들의 자긍심이 높고 성과도 크다는 결과는 여러 곳에서 입증되었다. **공감**은 인간을 소외된 자아가 아니라 공동체의 구성원인 시민으로 참여하도록 사람과 사람 사이를 이어주는 공존의 심리다. 공감의 도덕은 사회적으로 분출되는 부정적인 요소들을 제어하고 인류를 진보의 궤도로 이끌었다. **괴테**는 "함께하는 인류가 진정한 인간이고 개인은 스스로 전체의 일부로 느끼는 용기를 가질 때 비로소 즐겁고 행복할 수 있다"며 인간의 공감적 서사를 표현했다.[10]

21세기에 접어들어 경제 환경도 급변하고 있다. 복합적인 요인들이 융합되어 불확실성이 고조되는 그야말로 경제 생태계가 복합계에 둘러싸여 있다. 경제 규모와 덩치는 커지는데 경제주체인 인간은 더 소외되고 공감경제의 생태계는 척박하다. 게다가 문제가 발생하면 부분이 아닌 시스템 전반적으로 전파되는 속성이 있기 때문에 공감이라는 심리적 방파제를 필요로 한다. 공감경제는 이런 생태계 변화에 따라 상호 공감하는 사회적 심리를 경제 속에 반영하여 경제·사회가 함께 진보하는 데 주목하고자 한다. 공감하는 궤도가 넓어질수록 경제는 민주적이고 호혜적으로 발전할 것이다.

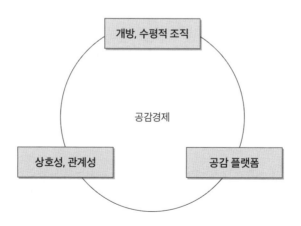

1. 개방적·수평적 조직문화

공감경제의 기반으로서 경제·사회적 구조의 개방성과 수평성을 높여야 한다. 개방적이고 수평적인 조직은 공감 능력을 증진시킬 수 있다. 조직 구조상 폐쇄적인 사일로(silo) 조직, 계층(hierarchy) 조직은 상호 연결과 협력을 저해한다. 폐쇄적인 조직문화에서는 소통회로가 좁고 제한적일 수밖에 없다. 또한 수직적인 조직체계로는 다양성과 자율성을 수용하기 어렵다. 그 결과 사일로, 수직적인 조직문화에 머무르는 한 공감의 도메인은 협소해진다. 조직의 생명력을 살려야 한다. 예를 들어 정부 부처, 기업조직, 노동조직에 놓여 있는 닫힌 칸막이를 헐고 개방적이고 수평적으로 전환하여 열린 시각으로 공감하는 지평을 확대시켜야 할 것이다. 공감은 개방과 수평에서 표출된다.

개방적이고 수평적인 조직문화로 촉발되는 공감 능력의 확대는 경제를 창의적인 호혜적 협력관계로 이끄는 데 유리하다. 그 결과 공감경제는 부정의 마찰을 줄이고 긍정의 문화를 확산시키며, 서로 다른 의견들이 공감대를 이루도록 집단지성을 활성화하게 하고, 방관자적 관계가 아니라 호혜적 협력관계를 증진시키게 될 것이다.

2. 상호성과 관계성 업그레이드

공동체 구성원으로서 긍정적인 상호 교류와 관계는 공감 반응을 촉진시키게 된다. 열린 시각으로 상호작용과 교류를 통해 사회성을 넓히고, 사회적인 참여와 연결 속에서 관계성이 활발하게 되면 공감하는 지평도 확장될 수 있다. 우리는 아직도 경제·사회적으로 상호성과 관계성이 낮은 단계에 있는 실정이다. 주된 이유는 사회 구성원들과 집단, 지역과 계층 간에 있어서 **상호 교류와 관계재를 산출해내는 기회와 공간이 협소**하기 때문이다. 예를 들면 경제·사회적 마찰과 갈등을 줄이기 위해서는 정부와 민간부문의 수평적인 상호성과 관계성, 기업과 노동조직 간 상생하는 상호성과 관계성, 대기업과 중소기업 간 협력적 상호성과 관계성, 기업과 지역사회의 상호성과 관계성을 업그레이드하여 공감경제를 촉진시킬 관계재를 생성하는 데 적극적이어야 한다.

아울러 사회적 관계로서 상호 교류와 관계는 공감 수준에도 영향을 미친다. **다양하고 자발적인 상호 교류와 관계**는 공감적 참여를 촉진시키고 공감 신경회로를 자극하여 공감 수준도 높아진다고 한다. 경제는 상품이 교류되는 물적 관계에 그치지 않고, 사람과 사람 사이의 상호작용과 교류인 인문·사회적 관계도 중요시해야 한다. 즉 경제가 사람과 사물 사이의 관계에 머물지 않고, **사람과 사람의 관계로서 인문·사회적 가치를 내장해야 한다**는 측면에서 개인도, 조직도, 사회도 상호성과 관계성을 업그레이드해야 한다는 것이다. 여기에 공감경제가 필요하다.

3. 공감경제 플랫폼 활성화

공감경제의 속성은 대상을 관계로 받아들이는 데 있다. 공감경제는 사람과 사람 사이, 사람과 제품 사이를 대상이 아니라 상호관계로서의 경제적 관계로 인식한다. 경제활동을 단지 상업적 거래 대상으로 보지 않고 서로 신뢰와 인간적인 관계를 쌓는 네트워킹으로서 경제적 관계에 인문·사회적 가치를 더하는 것이 공감경제이다. 일시적이고 필요에 의한 대상이 아니라, 공동체 속에서 사회적 공감을 네트워킹하는 경제 관계로서 받아들인다. 이런 점에서 심리적 관계로서 상호 공감을 경제에 반영하는 노력은 경제가 한 사람 한 사람의 개별성에 바탕을 두지 않고, **경제를 구조적으로 관계적**

구성체로 받아들여야 한다는 데 주안점이 있다.

경제 환경이 복합계에 직면해 있을수록 경제 운영에 있어서 **공감 대 형성**이 중요해지고 있다. 디지털 사회에서 온라인, 오프라인을 통한 사회적 공감회로는 다양하게 열려 있기 때문에 공감경제를 접목하는 방안으로서 기회와 참여의 공간인 플랫폼 접근이 효과적일 수 있다. **플랫폼**은 개방적이며 수평적으로 연결되는 유연한 공간이기 때문이다. 예를 들어 논쟁하면서도 차이점을 노출하며 공감대를 넓히는 연결망, 이타심을 촉발하는 관계망, 그리고 봉사와 기부 활동을 연결하는 플랫폼이 활발하게 운영되는 경제·사회는 공감의 영역이 넓다. 공감은 주어진 결과(given result)가 아니라, 형성해가는 과정(building process)이다. 지속적인 소통회로와 개방적인 관계망으로 공감경제 플랫폼 활성화를 제안한다.

공감 → 갈등, 분열, 부정을 제어하고 공동체를 공존과 진보로
이끌 접착제
사회적 공감대를 넓힐수록 경제는 민주적이고 호혜적으로
발전할 것이다.

기술 휴머니즘 경제 – 기술혁신과 휴머니즘이 공존하는 선진국 경제

협력적인 상호관계와 네트워크 사고를 창조적으로 이끌어내는 네트워크 경제,

기술진보가 인문·자연생태계의 생명 회복을 위해

휴머니즘을 기반으로 해야 한다는 인문·생명 회복 기술경제,

그리고 문화사회적인 가치를 혁신적인 기술에 반영해야 한다는 문화사회 경제

기술 휴머니즘 경제,
인문가치를 접목하라

Economy Dignity

21세기 기술혁신기에 기술진보가 경제의 흐름에 큰 영향을 미치는 기술경제의 생태계가 확산되고 있다. 기회와 리스크를 생성할 것이라는 기대와 우려가 교차하고 있다.

『총·균·쇠』와 『대변동』의 저자인 재러드 다이아몬드(Jared Diamond) 교수는 과학기술의 발전에도 인류 문명의 미래를 어둡게 예측하며, 인류가 당면한 가장 중요한 문제로서 '핵전쟁, 기후변화, 자원고갈, 불평등'을 지적했다. 이와 대조적으로 『지금 다시 계몽』의 저자인 심리학자 스티븐 핑크(Steven Pinker) 교수는 "인류는 새로운 기술 개발과 기술혁신으로 문제를 해결해왔다"고 기술진보로 인한 인류의 미래를 긍정적으로 내다봤다.

제5부에서는 과학기술의 시대, 기술 휴머니즘 경제로서 선진국 경제를 다져보고자 한다. 생성형 인공지능을 비롯해 기술혁신이 급속도로 진보하고 있기 때문에 인간을 어디까지 대체할 수 있을지 기술계의 미래를 예측하기 어려운 불확실성으로 빠져들고 있다.

기술에 흡수되거나 인간의 존엄이 기술에 예속되지 않기 위해서는 사고력, 판단력, 상상력, 가치 분별력 등 인간 고유의 인지능력이 증강되어야 한다. 이런 점에서 기술 휴머니즘 경제는 기술혁명의 파도 속에 파묻히거나 뒷전에 밀려 있는 휴머니즘의 가치를 기술과 결합시켜 기술혁신과 휴머니즘이 공존하는 선진국 경제의 모습을 관찰했다.

기술 휴머니즘 경제의 스페이스는 협력적인 상호관계와 네트워크 사고를 창조적으로 이끌어내는 네트워크 경제, 기술진보가 인문·자연생태계의 생명 회복을 위하여 휴머니즘을 기반으로 해야 한다는 인문·생명 회복 기술경제, 그리고 문화사회적인 가치를 혁신적인 기술에 반영해야 한다는 문화사회 경제로 구성된다.

가치관이 혼동 속으로 빠지고 갈등이 심화되는 상황에서 휴머니즘과 문화·예술은 인간과 공동체를 위로하고 포용하는 정신적 가치를 불어넣고 창의적인 환경을 조성할 것이다. 최근 한국은 국제적으로 문화 소프트웨어 선진국으로 부상하였다. K-문화가 기술혁신에 내장된다면 기술 강국의 휴머니즘 경제로서 품격을 높이게 될 것이다.

21세기를 맞아 미래를 좌우할 역사적 흐름에 거대한 변화가 일어나고 있다. 가히 기술혁명이라고 할 수 있는 **기술문명 시대**를 맞고 있다. 예를 들면 IT 혁명이 수많은 웹(Web)을 거대한 월드와이드 웹으로 통합함에 따라 오늘날 삶은 웹에 참여하지 않고서는 외로운 이방인의 삶이 되고 말았다. '거미줄'이라는 뜻의 웹은 실로 인간을 거미줄처럼 연결하는 통로가 되었다. 그뿐만 아니라 반도체 칩과 사물에 부착된 센서는 경제 시스템을 유기체로서 연결하고 제어하며 피드백하게 하고 있다. 디지털화(digitalization)는 이제 삶과 경제·사회를 초연결된 복합계로 변혁시키고 있다.

생성형 인공지능(Generative AI)을 비롯해 기술혁신이 급속도로 발전하고 있기 때문에 인간을 어디까지 대체할 수 있을지 기술계의 미래를 예측하기 어려운 불확실성으로 빠져들고 있다. 기술에 흡수되어 인간의 존엄이 기술에 예속되지 않기 위해서는 사고력, 판단력, 상상력, 가치 분별력 등 인간 고유의 인지능력이 증강되어야 한다.

이런 점에서 **기술 휴머니즘 경제로서 기술혁명의 파도 속에 파묻히거나 뒷전에 밀려 있는 휴머니즘의 가치를 기술진보에 결합시켜 기술혁신과 휴머니즘이 공존하는 선진국 경제의 모습을 관찰하고자 한다.**

첨단기술이 발달할수록 기술혁명은 휴머니즘과 함께 가야 한다. 휴머니즘은 인간의 존엄(자유, 인권, 생명, 건강, 사랑 등)과 행복을 바탕으로 인류의 번영을 추구하는 사상이다. 기술혁신이 주도하는 경제·사회의 진보는 휴머니즘이 추구하는 인간애와 인류 번영으로 귀결되지 않으면 안 된다. 기술 휴머니즘 경제를 지향해야 한다는 까닭이 여기에 있다.

이성주의와 경험주의를 종합한 위대한 철학자 **칸트**는 뉴턴을 중심으로 한 근대 과학기술의 시대에 형이상학을 추구하며 순수이성 비판을 통해 인류의 복지와 인간존엄의 토대를 마련했다.

기술혁신으로 인해 소외된 사회계층들의 불평등이 악화되거나 초라한 공동체 구성원으로 도태된다거나, 인간과 융화되지 않는 기술혁신은 역설적으로 인류에게 위협과 재앙을 불러와 인류 복지와 인간존엄을 해칠 수 있을 것이다. 인문정신을 바탕으로 하는 윤리와 제도적 기반이 뒷받침되어야 할 시대이다.

여기에서 다룰 선진국 경제로서 기술 휴머니즘 경제는 인문가치를 기술 생태계에 반영해야 한다는 측면에서 네트워크 창조경제, 거대한 생태계와 상호작용하면서 협력적 공존을 추구하는 인문·생명 회복 경제, 그리고 기술진보가 인간 문화와 사회 발전에 미치는

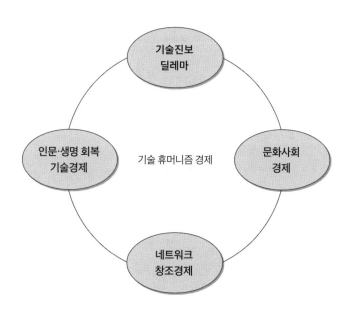

의미와 가치를 반영하는 문화사회에 주목해야 한다는 희망의 서사를 제안하고자 한다.

  네트워크 경제의 특징은 기술진보가 인문사회와 분리되지 않고 상호 소통하며 휴머니즘 가치를 접목하고 협력을 촉진시키는데 있다. 또한 선진국 경제의 지속가능성과 회복력은 인문·자연생태계의 생명 회복에서 찾아야 한다는 측면에서 생명 회복 경제를 주목해야 할 단계에 이르렀다. 그리고 위로와 포용, 창의의 영감을 표출하는 문화의 가치를 최근 급부상하고 있는 K-문화에 반영하여 선진국 경제로서 품격을 높여야 할 것이다.

---------------------◆◆◆---------------------

휴머니즘을 기술진보에 결합하는 기술 휴머니즘 경제 → 인문

생태계, 자연 생태계, 문화사회 생태계, 기술 생태계와 경제가

상호작용하며 선순환 하는 구조

기술 휴머니즘의 도메인 → 네트워크, 인문·생명 회복, 문화사회

제1장

◆

기술진보는 번영인가

1. 낙관, 비관의 딜레마

과학기술의 진보로 현실을 넘어 CF, 드라마나 영화에서 연출한 상상의 세계가 새로운 문명 시대를 파고들고 있다. 현실과 가상세계를 초연결하며 이 세상을 떠난 부모님을 디지털 영상으로 재연하여 생일날에 자식들과 만나게 하고, 생성형 인공지능인 챗GPT는 인간과 대화하며 질문에 답변해주고 글을 논리적으로 쓰는 가상인간으로서 역할 등 기적 같은 변화가 이미 진행되고 있다. 한스 블록과 모리츠 리제비크의 저서 『**두 번째 인류**』(강민경 옮김)에서 컴퓨터와 스마트폰을 통해 죽었던 사람이 환생한 듯 되돌아와서 만나고 대화하는 '인간의 불멸(不滅)을 구현하는 인공지능 시대'가 도래할 것을 예언했다.[1] 과연 과학기술이 호모 사피엔스를 불멸하는 인간으로 진화시키는 인공지능(AI)을 신의 반열에 처하게 할 것인가?

20세기의 위대한 기술혁신이 컴퓨터와 모바일폰 발명이었다면, 21세기 초 기술진보는 인공지능, 로봇, 데이터 사이언스 등을 중심으로 혁신 문명을 주도하고 있다. 아마도 실리콘밸리의 두뇌들은 아직도 기술혁신에 배가 고플 것이다. 인간의 유한함을 무한함으로 연장하고, 인간의 의식과 감정을 구현할 신기술 개발은 계속될 것이다.

산업혁명사를 돌이켜보면, 1784년부터 시작된 증기기관 발명과 19세기 전반에 생산을 기계화 방식으로 바꾼 1차 산업혁명, 1870년부터 전기를 기반으로 대량생산을 촉진시킨 2차 산업혁명, 1969년부터 컴퓨터를 활용한 정보화와 자동화를 접목한 3차 산업혁명을 거치면서 생산과 소득, 소비와 투자의 큰 흐름을 견인해온 것을 부인할 수 없을 것이다.[2]

기술진보의 양상에서 지난 200여 년 동안 산업혁명을 이끈 기술진보와 비교될 수 없을 정도로 **21세기 4차 산업혁명 시대의 기술**

혁명은 그 성격뿐만 아니라 경제·사회적 영향과 충격에 있어 결이 다르다. 지난 3번에 걸친 산업혁명을 일으킨 기술진보가 주로 기계화, 대량생산, 자동화 등 하드웨어 측면이 강했다면, 21세기 기술혁신은 소프트웨어가 핵심기반이라고 볼 수 있다. 하드웨어 혁신이 가시적이고 보편적인 성향을 갖는다면, 소프트웨어 혁신은 은밀하고 소수에 의해 집중적으로 이루어지는 성향이 강하다고 볼 수 있다.

기술 휴머니즘 경제의 첫 화두는 기술진보가 번영을 가져올 것인가? 이것을 둘러싼 논쟁은 끊이지 않고 지속되고 있다. 분명 기술진보는 지금까지 인류문명의 큰 물길을 열어왔지만, 미래 인류 사회

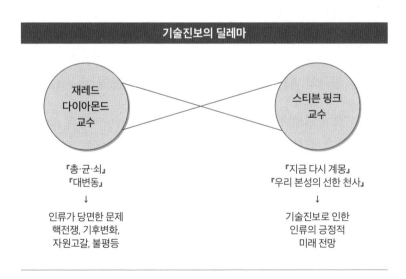

기술진보의 딜레마

재레드
다이아몬드
교수

스티븐 핑크
교수

『총·균·쇠』
『대변동』
↓
인류가 당면한 문제
핵전쟁, 기후변화,
자원고갈, 불평등

『지금 다시 계몽』
『우리 본성의 선한 천사』
↓
기술진보로 인한
인류의 긍정적
미래 전망

에 무거운 엔트로피도 발생시켜온 측면을 간과해서는 안 될 상황이다. 세계적인 베스트셀러 『총·균·쇠』와 『대변동』의 저자인 **재레드 다이아몬드**(Jared Diamond) 교수는 과학기술의 발전에도 인류문명의 미래를 어둡게 예측하며 다가올 대변혁에 대한 준비를 경고했다. "인류문명이 앞으로 28년 남았다고 해도 과언이 아니다"라고 경고하며, **인류가 당면한 가장 중요한 네 가지 문제는 '핵전쟁, 기후변화, 자원고갈, 불평등'**이라고 지적했다. "이들 문제는 코로나바이러스보다 훨씬 더 치명적인 결과를 초래할 수 있기 때문에 국가와 개인이 힘을 합쳐 해결책을 찾고 위기를 헤쳐가야 한다"고 말했다.[3] 유엔 안전보장이사회는 인공지능이 평화와 안보에 미칠 잠재적인 위협에 대한 회의를 개최하여 이 문제를 다뤄나가기로 한 바 있다.

또한 영국의 빅히스토리 전문가인 **클라이브 폰팅**(Clive Ponting) 교수는 저서 『진보와 야만(Progress & Barbarism)』에서 "눈부신 문명의 세기였다는 20세기를 야만의 역사였다"고 진단하면서 "세상은 결코 진보하지 않았다"는 것이다. 그 한 가지 예로 "1907년 뉴욕의 평균 마차 주행속도는 시속 17.7km였으나, 1980년 뉴욕의 평균 자동차 주행속도는 9.6km로 오히려 느려졌다"며 기술진보에 의해 개

발된 자동차 속도는 100년 전 마차 속도의 절반으로 떨어졌다는 인류 진보의 역설을 제기했다.[4]

다이아몬드 교수와 폰팅 교수와는 대조적으로『지금 다시 계몽』과『우리 본성의 선한 천사』의 저자인 세계적인 심리학자 **스티븐 핑크**(Steven Pinker) 교수는 "인간은 부정적인 면에 편향되어 있기 때문에 이를 과장하기 쉽다"며 "인류는 새로운 기술개발과 기술혁신으로 문제를 해결해왔다"고 기술진보로 인한 인류의 긍정적인 미래를 내다봤다.[5]

앞으로 기술진보로 인한 미래를 둘러싼 논쟁은 끊이지 않을 것이다. 철학자 **칸트**는 "**있어야 할 것을 넘어서서는 안 된다**"고 비판철학에서 지식과 과학기술의 한계에 선을 그었다.

2. 희망의 신호

이렇듯 기술진보와 번영의 관계는 과거에도, 현재도, 미래에도 우리가 풀어야 할 과제로 남아 있다. 희망컨대 기술진보가 번영을 가져오는 적극적인 관계로 발전해야 한다는 말이다. 이런 점에서 기술 휴머니즘 경제는 기술진보가 미래 번영을 이끄는 희망의 신호를 찾아가고자 한다.

첫째로 **기술진보의 빛과 그림자를 함께 진단하며 휴머니즘의 가치를 지켜야 한다.** 기술진보와 휴머니즘 사이에 견제와 균형의 원리가 작동되어야 바람직하다. 기술혁명이 인문·사회를 번영으로 이끌 것인지, 파괴적인 국면을 조성할 것이지, 기술진보를 둘러싼 도덕적 판단과 규율이 필요한 시대이다. 여기에 인간의 존엄과 인간애를 추구하는 휴머니즘이 바탕이 되어야 한다. 인문이 소외된 기술혁신, 인간의 통제를 벗어나서 인문을 위협하는 기술혁명을 차단할 가드레일로 기술윤리와 기술도덕이 뒷받침되어야 한다는 점을 강조하고 싶다. 예를 들면 인공지능, 챗GPT 팬덤이라고 할 정도로 혁신적 기술에 대한 열풍이 뜨겁다. 기존의 기술 수준을 넘어 다양하게 개발되고 있는 생성형 인공지능은 인간의 표현과 판단, 의사결정에 중요한 영향을 미칠 수 있는 단계로 진화하고 있다.

기술진보의 미래 번영 이끌 희망신호
• 기술진보와 휴머니즘 사이의 견제와 균형의 원리 작동해야 → 기술윤리와 기술도덕 필요 → 혁신적인 기술에 휴머니즘 가치와 윤리가 바탕이 되어야 함
• 기술혁신이 몰고 올 미래 경제·사회적 변화에 상응하는 준비와 개혁을 해야 번영으로 이끌 수 있음 → 노동개혁, 교육개혁, 인력개발

심지어 인공지능이 발전하여 미래에는 인간을 대체할 수준에 접근할 인공일반지능(AGI, Artificial General Intelligence)이 출현할 것을 예고하고 있는 상황이다. 인공지능의 수학 알고리즘(algorithm)이 인간을 지배하는 재앙으로 진보하는 슈퍼 컴퓨팅 단계, 추리소설의 스토리만은 아니다. 앞으로 인공지능으로부터 얻는 장점을 활용하여 인간이 더 높은 창의성과 역량을 발휘하게끔 **인공지능이 인간 대체(human replacing)가 아니라 인간 증강(human augumenting)을 하는 관계로 발전**해야 할 것이다.

따라서 기술혁신을 촉진하면서도 휴머니즘을 바탕으로 하는 건전하고 행복한 인문·경제·사회의 번영을 이루기 위해서는 이들 기술의 활용에 대한 사회적 규율과 투명성을 요구하는 규제 및 비윤리적이고 편향된 데이터에 대한 책임이 국내외적으로 담보되지 않으면 안 될 것이다. 혁신적인 기술에 인간존엄과 생명존중의 휴머니즘 가치와 윤리가 바탕이 되어야 한다.

둘째로 기술혁신이 몰고 올 미래 경제·사회적 변화에 상응하는 준비와 개혁을 해야 번영으로 이끌 수 있다.

기술진보의 속도가 빠르게 진행되고 있기 때문에 변화를 정확히 예측하고, 경제·사회적인 개혁을 추진해야 한다. 이것은 우리 사회가 추진하고 있는 노동개혁, 교육개혁과 연관된다. 무엇보다도 기술 진보가 미칠 파장은 노동시장, 일자리, 생산성, 인재개발 등 매우 넓기 때문이다. 기술진보에 따른 일자리 지형 변화는 새로운 일자리와 사라지는 일자리로 인한 고용 충격과 생산성 변화를 초래할 것이므로 일자리 매칭에 필요한 인재개발이 절실하다. 아울러 기술혁신에 수반되는 노동시장 유연성을 높이고 노동시장 이중성을 완화하는 것은 노동개혁의 핵심이다.

특히 기술진보에 상응하는 인력개발을 촉진할 교육개혁을 서둘러야 한다. 혁신적인 기술, 예를 들면 인공지능이 고도화됨에 따라 일반적이고 범용적인 교육은 인공지능을 활용하고, 비판적 사고와 판단, 창의적 상상력과 토론을 통한 공감 능력과 지성을 더 중요시하는 인재개발과 교육개혁을 하는 데 역점을 둬야 한다.

교육혁신을 통해 인공지능을 활용할 사람들의 사고력과 인지능력을 확장해야 할 것이다. 이미 대학 사교육비 문제에서 불거진 대학수능 개혁을 중심으로 교육개혁이 출범하고 있다. 공교육 정상화 차원에서 초·중등 교육개혁, 대학수능 성격, 대학개혁과 대학 자율화 등 종합적인 교육개혁과 함께 미래 경제·사회·기술 변화를 능동적으로 이끌 인재개발에 범국가적인 역량을 집중해야 할 것이다.

셋째로 **미래 사회와 삶을 변화시키는 가장 핫한 기술은 인공지능(AI)이다.** AI 반도체, 생성형 AI, AI 로봇, AI 사물인터넷, AI 금융, AI 의료, AI 교육 등 인공지능은 다양한 영역으로 기술혁신을 주도하고 있다. 인간의 영역이었던 소프트웨어 코딩을 인공지능도 가능하게 된 단계에 이르렀다.

오펜하이머가 후회했듯이 미래 불확실성을 줄이기 위해 인공지능의 순기능은 장려하되 역기능을 인간이 효과적으로 통제할 규제와 제도적 장치를 마련할 필요가 있겠다.

───────── ◆◆◆ ─────────

칸트, "있어야 할 것을 넘어서는 안 된다."

기술진보의 빛과 그림자 →
기술진보가 번영을 가져오는 적극적인 관계로 발전해야 한다.

인공지능이 인간대체가 아닌 인간증강 관계로
휴머니즘과 윤리가 바탕이 되어야 한다.

제 2 장

◆

협력, 네트워크 창조경제

기술혁신기에 기존의 분업체계 경제는 이제 네트워크 창조경제로 발전하고 있다. 경제활동에 있어서 네트워크는 단순히 분업체계의 연결이 아니고 협력과 창조를 촉발시키는 관계망이다. 구체적인 사례로 세계적인 빅테크 기업들은 기술진보를 선도하는 기업들과 네트워크를 통해 협력망을 구축하고 새로운 기술을 창출하며 기술혁명을 주도하고 있다. 기술진보가 빠른 속도로 고도화되는 혁신생태계 하에서는 네트워크를 통해 협력을 촉진시키고, **네트워크 사고**(network thinking)를 활성화해야 창조의 힘이 살아난다.

네트워크 창조경제의 특징은 부분, 부분을 연결하여 시스템 전

반적으로 수평적인 협력을 도출하는 데 있다. 즉 경제의 구성요소들을 생물·물리학적인 분자처럼 연결하고, 구성요소 간의 개방적이고 수평적인 관계를 통해 협력적인 상호작용과 네트워크 사고를 창조적으로 이끌어내는 경제를 지향한다. 시스템을 수직이 아닌 수평으로 확장하고, 공간적·시간적으로 연결하여 상호작용하도록 도메인을 고도화하는 경제 가치관은 경제 시스템을 민주적으로 작동하도록 촉진할 것이다.

　나아가 기술 휴머니즘 경제의 축으로서 네트워크 창조경제는 기술진보를 휴머니즘과 네트워크해야 한다. 역사적으로 휴머니즘과 계몽주의는 합리적인 이성과 과학적인 논리를 바탕으로 인간애와 인류 번영을 추구해왔다. 휴머니즘과 과학기술을 하나의 둥지에 품은 결과 인류문명은 진보의 궤도를 지속해올 수 있었다.

21세기 과학기술의 급속한 발전은 팍스 테크니카(Pax Technica), 기술이 지배하는 시대를 열어가고 있다. 빅데이터, 클라우드, 로보틱스, 모빌리티 등 인간의 삶과 사회는 기술 의존적인 구조로 변하고 있다. 이제 성찰의 시간에 직면해 있다. 첨단기술의 독주, 그중에서도 인공지능 혁명은 휴머니즘과의 재결합을 요구하고 있는 단계에 이르렀다. 이런 점에서 혁신적 기술 생태의 생명체는 인간이 중심이 되어야 한다는 문명사적 성찰이야말로 인류 미래를 풍요롭게 할 것이다.

따라서 네트워크 창조경제는 휴머니즘을 바탕으로 혁신적인 기술이 인간과 사회에 어떤 의미와 가치를 접목하게 되는지, 기술진보의 나무와 인문·사회의 숲을 함께 가꿔가는 데 주목한다.

◆◆◆

네트워크 - 협력과 창조를 촉발시키는 관계망

네트워크 창조경제는 휴머니즘, 네트워크 사고,
개방적이고 수평적인 협력 시스템을 기반으로 한다.

제 3 장

◆

생명애, 인문·생명 회복 기술경제

기술진보와 경제는 거대한 생태계를 바탕으로 성장, 발전하는 유기체이다. 인간 생태계로서 인문 생태계, 자연 생태계, 문화사회 생태계와 경제는 상호작용하며 순환한다. **인문이 퇴보하고, 자연·환경·기후가 후진하며, 문화사회가 빛을 발하지 못하면 인간의 삶뿐만 아니라 기술경제도 지속적으로 발전할 수 없을 것이다.** 지속적인 경제 발전과 기술진보는 인문·자연 생태계의 생명 회복과 균형 회복을 위해 휴머니즘을 내장해야 한다.

기술기반 경제는 이들 생태계에 많은 빚을 지면서 성장해왔다고 해도 과언이 아닐 것이다. 마찰과 충돌을 빚으며 심지어 파괴적 임

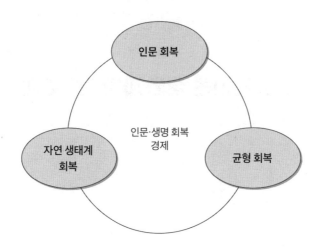

계점에 이른 사례도 많았다. 이제 인간애와 인류 번영을 목표로 하는 휴머니즘 경제 측면에서 지금껏 기술진보를 지지해준 인문·자연 생태계의 생명력을 회복해야 할 것이다. 생태계의 건강 상태를 회복해야 한다.

1. 인문 회복

인문 회복이 우선이다. 인문 회복은 매우 광범위하고 장기적이다. 인문 회복의 근본은 **인간애(人間愛)와 생명애(生命愛)의 회복**

에 있으며, 이것은 **인간다움과 인간다운 사회**를 뜻한다. 구체적으로 인간의 존엄을 중히 여기는 인간애를 되살리는 휴머니즘과 함께 인간에 대한 사랑과 정의로운 규범을 존중하는 인의사상이 공동체 속에서 구현되는 세상이 인간다운 사회로서 인문 회복일 것이다.

기본적으로 **인문학**을 부흥시키고 인문교육을 확장하여 인문적인 교양과 품격을 두텁게 하는 노력을 기울여야 한다. 인문교육에 대한 가중치를 높여야 한다. 실제로 응용 분야 교육은 번성하는데 인문교육은 위축되는 경향이 있다. 무엇보다 창의적으로 사유할 수 있는 능력과 상상력을 자극할 인문교육에 대한 투자를 늘려 인문 인재의 창의성이 기술진보 속에 녹아들게 함으로써 인문 회복의 기반을 넓혀야 할 것이다.

나아가 인문 회복은 선진국 경제와 건전한 기술진보의 기반이다. 경세제민의 본질이 세상을 추스르고 백성을 구하는 데 있으므로 경제정책이나 기술개발 과정에 인간애와 생명애에 대한 인문가치가 포함되어야 기술진보가 지속 가능할 것이다. 인문가치가 기술가치보다 더 오래간다는 것을 역사가 말해주고 있다. 요컨대 **경제가 인문 회복에 투자하고, 기술진보가 인문가치를 내장해야 인류 번영을 추구하는 휴머니즘 기술경제로 심화될 수 있을 것이다.**

2. 자연·환경·기후 생명 회복

인문을 에워싸고 있는 자연·환경·기후(자연 생태계)의 생명 회복이다. 자연 생태계는 인문을 풍성하게 해주는 생명체이다. 자연 생태계는 경제성장이나 기술진보와 마찰을 빚으며 엔트로피에 시달리기도 했다. 기술진보의 엔트로피가 자연의 생명력을 품지 못한 결과일 수 있다. 여기에 시간이 지날수록 **인문과 자연이 괴리**되는 정도가 더 심해지는 경향이 있다.

이미 실증적으로 자연 생태계와 건강 및 사회 안전 사이에 상관관계가 높다는 결과가 폭넓게 밝혀지고 있다. 자연과 인간의 관계는 더 친밀해지고 있다. 자연 생태계는 인간을 구할 수도 있지만 인간에 위협이 될 수도 있다. 이런 점에서 자연 생태계의 생명력 회복은 궁극적으로 인간애와 생명애를 존중하는 휴머니즘과 연결되어야 한다.

앞으로 휴머니즘을 바탕으로 기술경제가 자연 생태계의 회복에도 기여하기를 기대한다. 한국형 우주 프로젝트인 인공위성을 탑재한 누리호 발사에 한국은 성공했다. 인공위성을 활용한 자연·환경·기후의 정보 수집과 자연 생태계의 생명력을 회복하는 데 기여를 할 것으로 기대된다. 2020년대 추진하고 있는 우주산업과 연구개발에 과감한 투자와 선진기술의 제휴가 생명 회복 기술경제를 실천하는 데에도 중요한 터닝 포인트가 되기를 바란다.

또한 지구촌의 환경오염으로 인한 엘리뇨 현상으로 해수 온도가 상승함에 따라 해조류 생태계가 위협받고, 극한 폭우와 극한 폭염으로 인문과 자연에 예측할 수 없는 위험이 밀려오고 있다. 해수오염과 공기오염, 오존층 파괴를 저지할 바이오 과학기술개발에 적극적인 투자를 통해 인문·생명 회복 기술경제의 미래를 선제적으로 대비해야 한다고 본다.

3. 균형 회복력

균형 회복력을 키워야 한다. 항해하는 배가 균형을 잃게 되면 전복하게 된다. 경제·사회도 궤도를 이탈하게 되면 쏠림현상이 일어난다. 국가에 따라 정상 궤도에서 벗어나 균형으로 회복시키는 근육에 차이가 있다. 한국은 상대적으로 균형 회복력이 약하다.

사회적으로 광우병 파동, 세월호 침몰 사고, 이태원 참사 등 불행

했던 대형 사고가 발생했을 때마다 정치적으로, 이념적으로 갈등과 상흔이 깊어져 정상적인 궤도 회복이 지연되고 엄청난 사회비용을 발생했다. 이탈된 궤도로부터 균형을 향한 구심력은 **건전한 시민의식, 축적된 사회적 자본, 공동체가 추구하는 공동선, 경제적 형평성, 정치의 경제·사회적 갈등 조정 능력** 등 다양한 요소들에 의해 영향을 받는다.

조화와 균형을 존중하는 휴머니즘의 가치를 균형 회복력 관점에서 경제에 담아야 한다. 그 기반은 경제적 형평성을 높이는 데 있다고 본다. 계층 간, 세대 간, 젠더 간, 지역 간 경제 격차를 완화하여 조화와 균형의 걸림돌을 제거해야 할 것이다.

특히 심화되고 있는 한국의 총체적인 양극화 벨트, 즉 경제 양극화, 정치·사회 양극화, 이념 양극화 문제는 균형으로 회복을 방해하고 있다. 경제적인 포용성과 저소득층, 취약계층을 위한 사회복지 확충과 함께 휴머니즘을 바탕으로 균형 회복 정신이 공동체 속으로 확산되어 **경제·사회적 격차와 거리**를 좁힐 심리적 공감대를 넓혀가야 할 것이다.

나아가 균형 회복력을 높이는 데 과학기술의 역할이 중요하다. 특히 탈진실과 반지성이 만연할수록 데이터와 팩트에 기초를 둔 과학기술적 접근과 입증은 공감 능력을 확장시키고 사회적 불균형을 바로 세우는 기반으로 작용할 것이다. 우리 사회에 성주 사드 기지, 일본 후쿠시마 방류수 등 정치·사회적 갈등과 마찰을 진정시키는 데 다양하게 조사·분석된 국내외 과학기술적 결과가 사회적 엔트로피를 줄이는 데 객관적인 역할을 한 사례로 지적되고 있다.

◆◆◆

경제가 인문·생명 회복에 투자해야 하고,
기술진보가 인간존엄의 생명애를 지지해줘야 한다.

경제가 생명력 회복을 실천해야 기술경제도 지속적으로
발전할 것이다.

제 4 장

◆

품격, 문화사회 경제

기술진보가 크게 영향을 미치는 기술경제는 문화사회 가치를 반영해야 한다. 기술진보가 사람들의 문화사회적 삶과 활동에 어떤 가치와 의미를 더하게 되는지를 주목해야 한다는 것이다. 문화사회적 가치를 혁신적인 기술에 반영하는 것은 인간의 존엄과 행복을 추구하는 휴머니즘 가치를 구현하는 경제관이다.

인간은 서로 상호 교류하고 사회적 관계를 맺으며 의미 있는 삶과 행복을 추구하는 문화사회적 존재이다. 또한 공동체 구성원으로서 활동하는 사회적 존재인 동시에 협력과 공감을 통해 사회를 창조적으로 변화시키는 창의적인 존재이다. 휴머니즘이 되살린 인간존엄성에는 문화사회적 존재로서 인간의 창의성과 상상력이 내재되어 있다고 믿는다. 르네상스 운동의 절정기에 휴머니즘을 바탕으로 한 창의성과 상상력은 로마, 피렌체, 베네치아를 중심으로 불후의 많은 문화예술 유산을 남겼다.

첨단기술은 사회심리적으로 집단 현기증을 일으킬 정도로 빠른 속도로 발전하고 있다. 앞으로 인공지능(AI)을 통제할 고도의 인공일반지능(AGI, Artificial General Intelligence), 또 이를 감시할 초고도 인공지능으로 계속 이어질 기술진보가 그 자체로서 인간과 분리된 기술이 아니라, **휴머니즘을 바탕으로 인문·사회의 규율을 준수하며 인간의 존엄과 생명을 지키는 인공지능으로 발전**해야 할 것이다.

미래 기술, 경제 운영, 경제정책도 인간의 문화사회적 삶과 활동

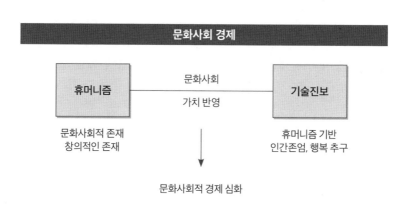

에 어떤 영향을 미치게 되는가? 선진국 경제로서 문화사회 경제가 던지는 질문이고 찾아야 할 답이다. 지난 수년 동안 부동산 정책의 실패, 임대차 3법의 후유증, 소득주도성장의 실정 등 한국 경제를 침하시킨 경제 운영은 문화사회적인 가치로서의 인문을 무시하고, 국민의 문화사회적인 활동에 미칠 영향과 의미가 반영되어 있지 않았기 때문이었다. 선거 공약에 의해 설계된 정책이 아니라, 국민의 삶에 문화사회적 의미를 갖는 정책으로서 담아야 할 보편적 가치를 추구해야 한다는 점을 반면교사로 받아들여야 할 것이다.

미래지향적 관점에서 한국의 역사적인 문화유산을 기반으로 선진국 경제의 문화사회적 경제를 심화시켜야 한다. 한국은 고대로부터 고분, 벽화, 왕관, 자기, 겸재 정선과 단원 김홍도의 산수화·인물화·풍속화, 추사 김정호의 시·문장·서체, 그리고 세계 최초 금속활자인 직지(直旨)를 만들었고, 약 600년 전에 백성들의 글인 한글을 창제하여 사회를 계몽한 문화국가로서 뿌리 깊은 전통을 보유하고 있다.

글로벌 베스트셀러 『총·균·쇠』와 『대변동』의 저자인 **재레드 다이아몬드** 교수는 '한글을 뛰어난 문자'라고 평가했다. "나를 비롯해 많은 언어학자가 한글의 경이로운 특징에 놀라움을 금치 못합니다.

한글 문자는 쉽게 알아볼 수 있는 형태를 띠고 자음과 모음도 금세 구분이 되며 자음 간의 구분도 그다지 어렵지 않습니다. 한글에서는 문자들이 결합되어 음절을 형성합니다. 따라서 한글은 알파벳문자의 장점과 음절문자의 장점이 합쳐진 언어입니다."[6]

금속활자 직지, 한글, 수원화성 등 한국의 위대한 문화유산 속에는 과학기술의 원리가 농축되어 있다고 알려져 있다. 기하학을 적용한 직지, 한글의 모음과 자음을 엮어 문자 구조를 만드는 데 수학의 조합 원리가 기초가 되었다고 한다. 수원화성 역시 건축 기하학과 구조역학을 바탕으로 축조된 실학의 결정체였다. 과학기술과 인문이 결합되어 문화사회 경제를 융성하게 한 위대한 역사적 사례들이다.

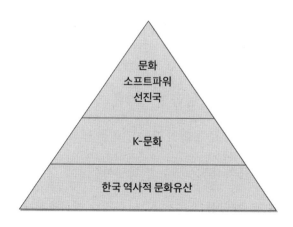

가치관이 혼동 속으로 빠지고 갈등이 심화되는 상황에서 문화와 예술은 인간과 공동체를 위로하고 포용하는 정신적 가치를 불어넣고 창의적인 환경을 조성한다. 최근 10년 동안 한국은 국제적으로 문화 소프트파워 강국으로 부상했다. 영국《모노클(Monocle)》은 정보기술(IT)이나 문화예술이 미치는 소프트파워를 평가한 결과 한국을 2위로 발표했다(1위 독일). K-문화를 기반으로 **한국은 문화 소프트파워 선진국**에 올랐다.

　　국제사회에 K-문화가 매력적으로 확산되고 있다. 한류로 시작하여 이제 K-문화는 국제무대에서 정상급 호황을 이어가고 있다. 영화, 방송, 드라마, BTS, 블랙핑크, 넷플릭스, OTT 등 K-문화는 글로벌 사회를 더 가깝게 포용하고 문화에 대한 공감대를 넓히고 있다. 또한 K-푸드, 한글에 대한 관심도 높아지고 있다. 여기에다 IT 강국으로서 구축된 디지털 기술이 K-문화의 국제적 확산에 촉매제로 작용하고 있다. 실로 K-문화는 K-팝, K-드라마, K-무비, K-웹툰, K-푸드, K-패션, K-스포츠, 한글 등 다양한 스펙트럼으로 글로벌 사회로 파급됨으로써 한국 문화의 공유 기회를 넓히고 있다.

　　국제적으로 문화경제의 교류를 확대시키고, 민간주도로 K-문화를 역동적으로 창달할 수 있도록 생태계를 혁신하면서 K-문화를 확장하기 위한 콘텐츠 개발에 대한 적극적인 투자지원과 함께 문화 외교적인 기반도 확충해야 할 것이다.

　한국이 문화사회 경제의 지평을 넓히고 문화경제의 위상을 높이는 것은 국가 브랜드와 소프트 경쟁력을 고도화함으로써 선진국 경제로서 기술강국의 휴머니즘 경제로 품격을 높이게 될 것이다.

◆◆◆

문화사회 경제 → 문화사회적 가치를 기술혁신에 반영 →
인간의 존엄과 행복을 추구하는 경제관

문화, 예술은 인문사회와 공동체를 위로하고 포용하며
창의적인 지평을 확장한다.

문화 소프트파워 선진국 위상 → 문화사회 경제의 품격 고도화

한국 선진국 경제를 통찰하다

한국은 산업화, 민주화, 디지털화, K-문화를 이루어오면서 21세기 초 국가의 위상과 자부심이 급상승했다. 산업화와 함께 70년 성취의 역사를 기반으로 이 시대 한국 경제는 새로운 미래로 건너갈 중추점에 서 있다.

한국 경제가 있어야 할 자리를 설정하는 통찰과 한국 경제·사회를 갈고닦는 절차탁마(切磋琢磨)의 혁신정신이 필요한 시대를 맞고 있다. 양극화로 사회적 갈등과 분열이 심화되면서 자유민주주의가 위협받고 있고, 저출생으로 인한 인구감소와 급격한 기후변화는 한국 경제·사회가 직면한 구조적 도전으로서 미래 불확실성을 더해가고 있다.

큰 바다는 거센 풍랑 속에서도 깊고 넓은 용량과 잠재력을 축적한다. 오랜 세월 대학에 몸담으면서 한국 경제를 고찰해왔던 경제학자로서 선진국 경제의 탐구는 성찰과 희망의 여정이었다. 한국 경제에 대한 과거의 성찰과 미래의 희망이 수평적으로 공유되어야 진정한 선진국 경제의 길로 갈 수 있다고 믿기 때문이다.

필자가 이미 선진국 경제에 도달한 선진국들의 궤도를 추적해본 결과, 경제적인 측면만의 1차원적인 도메인에서 설계될 수 없는 경지가 선진국 경제였다. 선진국 경제는 경제적 가치뿐만 아니라, 뒷전에 밀려 있었던 인문정신과 사회적인 도덕 기반을 든든히 내장해야 한다는 교훈이었다. 풍성한 나무는 뿌리에서 나온다. 선진국 경제로서 기초체력도 있어야 하지만, 각자도생과 개별화로 치닫는 사회상에서 **도덕적 이타성의 기반으로서 도덕감정을 바탕으로 하는 사회적 공감, 소프트파워로서 정신근육과 가치관, 그리고 혁신기술과 휴머니즘이 공존하는 선진국 경제의 품격**을 다지고 지켜야 선진국에 진입할 수 있다는 발상의 대전환이 필요하다.

이 책은 선진국 경제의 본질적 관점에서 선진국 경제가 추구해야 할 가치를 중심으로 선진국 경제 전략을 5개 주제로 설계했다. 그것은 선진국 경제로서 견지해야 할 핵심적 가치와 소프트웨어 및 소프트파워를 바탕으로, 도전받고 있는 자본주의 정신과 선진국 경제로서 추구해야 할 가치관을 재점검하며, 기술문명 시대에 기술혁신 그 이상의 기술 휴머니즘 경제를 탐구하는 선진국 전략이었다.

첫 주제인 **선진국 경제의 핵심가치**는 휴머니즘과 계몽주의에서 시작된 자유주의 사상이 정치적 자유주의와 경제적 자유주의를 거치면서 확장된 자유와 민주주의, 시장경제였다. 휴머니즘은 자유로운 존재로서 인간의 존엄과 행복을 추구하며 실천해가는 인간애 사상(인의사상)이다. 역사적으로 휴머니즘 정신을 자유민주주의 정신으로 발전시킨 계기는 미국 독립선언, 프랑스 대혁명을 비롯한 시민혁명이었다. 한국도 3·1 독립운동을 계기로 휴머니즘 정신과 결의를 3·1 독립선언서에 농축했다.

18세기 후반 경제학의 탄생과 함께 산업혁명과 시장경제가 확산되면서 출범한 자본주의에 자유가 깊숙이 스며들면서 임금노동자들로 형성된 노동계층이 투표권을 획득하면서 민주주의 발전에도 결정적인 계기가 되었다. 무엇보다 자유는 창의의 원천이고 번영의 기반이다. 존 스튜어트 밀(John S. Mill)은 『자유론(On liberty)』에서 "개인의 자유를 통해 창의적이고 행복한 자기발전을 이루고, 이것이 곧 사회발전으로 이어진다"고 했다.

휴머니즘을 기반으로 자유, 민주주의, 시장경제를 유지하며 발전시킨 사회가 선진국 경제의 길을 열었다는 것이 역사적 교훈이었다. 인간의 인간다운 삶과 자율성을 존중하는 자유의 가치, 국민주권을 기반으로 평등과 공정을 추구하는 민주주의, 선택의 자유와 공평한 기회가 열려 있는 시장경제가 인류의 발전과 번영을 가져왔음은 역사가 입증해주고 있다.

역사적 교훈은 말해주고 있다. 선진 경제기반은 자유와 시장경제에 뿌리를 두어왔다는 사실, 선진국 경제는 시장경제의 민주적 메커니즘을 바탕으로 했다는 점, 자유와 시장경제가 민주주의와 결합해야 공정한 선진국 경제로 발전할 수 있다는 결과였다.

작금에 이르러 양극화와 불평등이 심화되고, 불공정과 사회적 불균형이 확산되면서 자유와 민주주의, 시장경제가 도전을 받고 있다. 한국 사회도 정치적 갈등과 균열로 자유민주주의와 시장경제가 공격받고 있다. 한국 정치권은 국제사회의 보편적 가치와 국제질서에 대한 적응도가 상대적으로 낮다는 평가를 받고 있다. 자유민주주의에 대한 가치와 절차적 정당성을 국내 정치나 당리당략으로 경시하면서 한편으로는 민주주의를 내세우는 이중성과 정략적 모순에 빠져들고 있다.

또한 정치권이 시장경제의 명분을 내걸면서 실질적으로는 시장을 옥죄는 반시장적 입법을 남발하고 있다. 한국 선진국의 길을 발목 잡고 정체시키는 허들은 자유민주주의와 시장경제의 위협 요인들이다. 자유, 민주주의, 시장경제를 더 두텁게 견지하기 위해서는 인권 보장 차원에서 사회적 약자와 취약계층을 보호하고, 시장실패로 인한 공정한 시장질서의 훼손이나 불균형을 바로잡는 등 영리한 정부의 역할이 필요하다.

자유민주주의와 시장경제의 한계를 보완하는 한편, 자유, 민주주의, 시장경제를 기반으로 하는 선진 경제 가드레일을 견고히 해야 할 것이다.

또 다른 첫 번째 주제는 선진국 경제의 이들 핵심가치를 두텁게 지탱해줄 **소프트웨어**였다. 자유, 민주주의, 시장경제가 도전을 받는 상황에 직면하면서 경제적 인간(homo economicus)을 대상으로 하는 경제학이 인문학과 사회학으로 경계를 넓혀 사회적 인간(homo sociologicus) 내지 상호적 인간(homo reciprocus)의 영역을 포용해야 한다는 성찰에서 선진국 경제의 소프트웨어를 접근했다. 경제의 중심을 물질이 아닌 사람에 두어야 한다는 경제의 휴머니즘 뿌리는 인간을 '나를 위하는 이기적인 인간(爲我)'에서 '함께 아우르는 사회적이고 상호적인 인간(兼愛)'으로 확장해야 선진국 경제의 울타리를 넘을 수 있다는 교훈이었다.

근대 경제학의 기초를 닦은 알프레드 마샬(Alfred Marshall)은 고전적 저서 『경제학 원론(Principles of Economics)』(1890)에서 "정치경제학은 한편으로는 부(富)에 관한 연구이고, 다른 한편으로 보다 중요한 측면은 인간에 대한 탐구"라고 갈파했다. 이런 점에서 선진국 경제의 소프트웨어에는 경제적 가치를 넘어 인문·사회적인 가치를 내장하는 것이 바람직하다.

선진국 경제에 이르는 소프트웨어로서 공익, 협력, 이타심 등 공공선을 발현할 휴머니즘 확산과 공동체 구성원으로 공감하고 배려하는 도덕감정을 기반으로 개인과 공동체가 상생발전하며 호혜적 협력의 지평을 넓히는 인문·사회적인 소프트웨어, 치열한 경쟁과 개방적인 협력이 공존하는 민주적 공간으로서 시장경제의 소프트웨어, 그리고 도덕과 공정에 바탕을 둔 공감적 자유와 협력적 연대를 위한 소프트웨어를 제시했다. 경제·사회학자 제러미 리프킨

(Jeremey Rifkin)은 미래는 경쟁의 시대를 넘어 협력의 시대로, 그리고 공감해야 공존하는 공감의 문명으로 전환을 예측했다. 한국이 선진국 경제로 나가기 위해 더 상생협력하고, 공감의 도메인을 확장하며 경제·사회적으로 결속의 회복력을 높이는 소프트웨어를 보강해야 할 것이다.

두 번째 주제는 선진국 경제로서 지키고 다져야 할 **소프트파워**였다. 글로벌 중추국가로서 선진국 경제로 도약하기 위한 소프트파워는 기본을 든든히 쌓는 데서 나온다고 본다. "기본이 바로 서면 나아가는 길이 생긴다(本立道生)"(『논어』 「학이」)는 교훈처럼 기본, 특히 선진국 경제로서 견지해야 할 인문·사회·경제적인 기본, 즉 정신근육으로서 7대 소프트파워를 살펴보았다. 그 출발점으로 자유를 바탕으로 공동체 속에서 공감적 참여를 적극적으로 도출하여 결속의 가치 사슬을 회복해야 한다. 공감의 도덕은 인문·사회·경제를 관통하여 협력과 포용, 정의와 공정의 지평을 넓히는 공감 소프트파워이다. 점점 개인화되고 있는 사회심리가 확산되고 있는 상황인 만큼 공감경제 기반의 확충에 적극적인 관심과 노력이 필요하다.

경제는 개인의 이익과 국가의 부(富)를 물적 기반으로 하지만, 남을 배려하지 않고 인문·사회적 가치를 소홀히 하는 물적 가치만을 탐하면 사회는 혼란해진다. 선진국 경제는 타인과 공동체를 배려하는 소프트파워, "이익을 보면 의로운지를 생각하라"는 견리사의(見利思義, 『논어』 「헌문」)의 기업가 정신 소프트파워를 기반으로 해야 한다.

『사피엔스(Sapiens)』의 저자인 유발 하라리(Yuval Harari)는 "무지(無知)의 인정이 진보(進步)의 가능성"이라고 강조했다. 배움과 갈고 닦음을 통해 익숙함과 고정관념을 깨고 벗어나 진보적 혁신을 가능케 하는 절차탁마(切磋琢磨)의 혁신 소프트파워의 관성이 지속되어야 한다. 뼈를 끊고 상아를 다듬는 듯(切磋, 절차) 배움에 열중해야(道學, 도학) 하고, 옥을 쪼는 듯 돌을 가는 듯(琢磨, 탁마) 수양(自修, 자수)하는 경지의 혁신정신을 고전 『시경(詩經)』에서 교훈으로 삼아야 할 것이다.

근본 원리를 파고들며 사물의 이치를 파헤치는 소프트웨어, 근성은 경제의 판도를 바꾸는 소프트파워이다. "사물의 이치를 규명하여(格物) 완전한 지식에 이른다(致知)"는 격물치지(格物致知, 『대학』)의 근성 소프트파워로 무장해야 선진국 경제체질로 나갈 수 있다. 중진국의 위상과 선진국의 궤도는 다르다. 이치를 꿰뚫고 파고들어 수준 높게 통달하는 격물치지의 정신과 근성이 경제의 품격과 브랜드를 높인다.

바탕을 희게 하는 정신으로 근본을 다지는 결단은 창조의 기반이다. "그림을 그리려면 먼저 바탕을 희게 한 후에 채색을 해야 한다"는 회사후소(繪事後素, 『논어』 「팔일」)의 창조정신은 선진국 경제가 견지해야 할 창조 소프트파워이다. 바탕이 오염되어 있는데 채색을 한들 감동적인 색상을 창조할 수 없고, 잡초가 무성한 땅에 새 생명이 자랄 리 만무하다.

경제에 있어서 '먼저 큰 것을 분별해내는 통찰력'은 바닷속에서 진주를 캐내는 지혜에 비유될 것이다. "마음이 생각하는 방향에 따라 먼저 큰 것을 확실히 세우라"는 선립기대(先立其大, 『맹자』)의 통찰 소프트파워는 불확실성과 변동성이 심화되는 경제 생태계에서 분별력 있는 통찰을 요구한다. 미래를 먼저 읽고 큰 흐름(大流)과 큰 것(大體)을 간파하며 선립기대의 통찰로 선진국 경제를 열어가야 할 것이다.

한국 경제의 중심축은 인적자본이었다. "배우고 배운 것을 수시로 익히니(學而時習) 그 기쁨이 한량없다(不亦說乎)"(『논어』)는 학이시습(學而時習)의 지적 열망 소프트파워는 선진국 경제의 인적자본을 고도화한다. 지식혁명과 기술혁신이 가속화되는 시대에 지적 열망이 고급 인적자본을 축적하게 하여 선진국 경제 가치 창출로 선순환되어야 할 것이다.

세 번째 주제는 **미완성의 자본주의 윤리와 정신**을 성찰하면서 선진국 경제로서 추진해야 할 **21세기 캐피털리즘**을 조명해보았다. 자본주의 역사는 18세기 중엽 자유와 시장경제를 기반으로 하는 자유자본주의로 출범하여 1930년대 대공황을 겪으면서 정부의 간섭을 허용하는 혼합자본주의로 궤도 수정을 거쳐 1980년대 작은 정부와 규제 완화 등을 내건 신자유주의 자본주의를 체험하며 21세기 4차 산업혁명 시대의 자본주의로 진화, 발전해왔다. 3세기에 걸쳐 발전해온 자본주의는 아직도 진화하는 불완전한 생명체이다.

애덤 스미스(Adam Smith)가 꿈꿨던 자본주의는 자유와 도덕감정을 기반으로 경쟁과 협력을 통해 국가의 부를 증진시키는 경제체제였다. 그리고 도덕감정에 바탕을 둔 정의와 공정이 국가에 의해 법과 제도적으로 뒷받침된 자본주의였다. 상호 공감과 절제, 정의와 공정과 같은 도덕감정으로 연결된 자본주의 윤리와 자유로운 시장경제는 선진국 자본주의 발전의 기반이 되었다.

막스 베버(Max Weber)는 저서 『프로테스탄트 윤리와 자본주의』에서 프로테스탄트 윤리가 어떻게 자본주의 정신으로 연결되어 근대 자본주의의 원동력이 되었는지를 분석했다. 주목할 점은 개인뿐만 아니라 기업의 이윤 추구에 의한 자본 축적을 자본주의의 정당한 기업 활동으로 받아들였음을 알 수 있다. 프로테스탄트 윤리관에서 볼 때, 막스 베버는 재산과 부의 축적을 신의 축복으로서 윤리적으로 정당화함으로써 개인의 이익과 기업의 이윤 추구가 끊임없이 이뤄지는 자본주의 정신을 고취시켰고, 일을 소명으로 받아들이는 노동정신과 절제되고 근면한 중산층 형성이 자본주의의 발전을 가져왔다고 주장했다.

21세기에 접어들어 자본주의는 복합적인 도전에 직면해 있다. 갈등과 분열이 심화되고, 각자도생으로 충돌하며, 생명 회복력을 잃어가고 있는 자연파괴와 불신의 경제·사회생태를 복원하지 않으면 안 될 상황이 벌어지고 있다. 이제 자본주의는 경제 발전을 넘어 사회 발전과 인간·자연·환경에 대한 책임과 공존을 실천적으로 받아들여야 할 시대에 처해 있다. 이런 점에서 선진국 경제의 21세기 캐피털리즘으로서 사회적 공감대를 넓히고, 정의와 공정의 가치에 더 적극적으로 뿌리내리게 함으로써 사회통합성을 높이는 자본주의, 개방적이고 수평적으로 협력하는 사회적 자본(유대성 사회적 자본, 연결성 사회적 자본)을 업그레이드하는 상생협력 자본주의, 그리고 자연과 환경, 인간이 공존하도록 생명력을 회복하는 번영된 자본주의를 강조했다.

네 번째 주제는 **선진국 경제가 추구해야 할 경제 가치관**이었다. 자연·물리적 환경은 비슷한데도 경제 가치관에 따라 경제 발전의 양상에 엄청난 차이가 있는 국가들을 우리는 보아왔다. 선진국 경제 가치관으로서 한국 경제의 미래를 품위 있게 확장시키며, 앞으로 글로벌 리더 국가로 발전하는 가치관을 고민했다. 그것을 행복, 융화, 공감의 가치에 두었다.

행복에 대한 논의는 고대 서양철학에서 비롯되었다. '행복은 인간이 올바른 지성과 좋은 품성을 함양하고 사회 속에서 덕성을 실천하는 과정에서 객관적으로 성취된다는 아리스토텔레스의 경험주의 전통'과 '행복을 신체적·정신적 고통과 불안이 없는 쾌락에서 주관적으로 구하는 에피쿠로스의 감각주의 전통'이 있다. 애덤 스미스는 '인간이 물질적인 욕구를 충족시키며 행복하기를 원하면 진정한 행복에 이르지 못하고 도덕감정의 타락을 초래하는 비극적인 상황에 처할 수 있음'을 경고했다. 그는 '행복의 내면적 조건으로 마음의 평정, 즉 평정심'에 주목했다.

행복경제에 대한 관심이 높아진 것은 '경제 발전, 특히 경제 규모

(예: GDP)가 커지면 행복도가 올라갈 것이다'라는 상식이 무너지는, 이른바 행복의 역설에서 비롯되었다. 경제·사회적인 측면을 포괄하는 행복경제의 콘텐츠로서 행복경제의 물적 토대인 지속적인 경제성장을 통한 소득 증가와 부의 추구, 인문·사회적 관계로서 상호 간에 형성해야 할 관계재의 확장, 자율적인 질서를 존중하고 건강한 사회를 지탱하는 기반으로서 자유, 정의와 공정의 확산이 필요하다.

융화경제는 함께 번영하는 선진국 경제의 가치다. 무엇보다 융화경제의 생태기반 조성이 필요하다. 경제적으로 포용적 협력 기반을 확산하고, 지속 가능한 융화경제의 기반으로서 교육과 고용 형평성을 높이며, 사회적으로 포용성을 심화시키는 생태계를 재구조화하는 것이 바람직하다고 진단했다.

공감경제는 상호 공감하는 사회적 심리를 경제 속에 반영하여 경제·사회가 함께 진보하는 데 주목했다. 경제 규모와 덩치는 커지는데 경제주체인 인간은 더 소외되고 공감경제의 생태계는 척박해졌다. 공감경제의 기반으로서 긍정적인 문화를 확산시키고 집단지성을 활성화하며 호혜적 협력관계를 증진시키도록 경제·사회적 구조의 개방성과 수평성을 높이는 조직문화, 다양하고 자발적인 상호교류와 관계를 촉진할 상호성과 관계성을 업그레이드하며, 공감대를 형성하는 과정으로서 다양한 플랫폼을 통한 사회적 공감회로를 활성화하는 데 초점을 맞췄다.

마지막 주제는 기술문명 시대가 가속화될수록 선진국 경제로서 휴머니즘 가치를 비롯한 인문가치를 접목한 **기술 휴머니즘 경제**에 주목했다. 그 이유는 기술혁명의 파도 속에 파묻히거나 뒷전에 밀려 있는 인문가치를 기술진보에 결합시켜 기술혁신과 휴머니즘이 공존하는 선진국 경제의 모습을 갈망하기 때문이다. 기술진보의 빛과 그림자를 함께 진단하며 휴머니즘의 가치를 지켜야 한다. 기술진보와 휴머니즘 사이에 견제와 균형의 원리가 작동되어야 바람직하다. 나아가 기술혁신이 몰고 올 미래 경제·사회적 변화에 상응하는 준비와 개혁을 해야 번영으로 이끌 수 있다. 기술진보의 속도가 빠르게 진행되고 있기 때문에 변화를 정확히 예측하고, 경제·사회적인 개혁을 추진해야 한다.

기술 휴머니즘 경제는 협력과 창조를 촉발시키는 네트워크 경제, 인문·자연 생태계의 생명애에 바탕을 둔 인문·생명 회복 경제, 그리고 사회문화적 존재로서 인간과 경제·사회의 품격을 높일 문화사회 경제를 기반으로 했다. 네트워크 경제는 휴머니즘을 바탕으로 혁신적인 기술이 인간과 사회에 어떤 의미와 가치를 접목하게 되는지,

기술진보의 나무와 인문사회의 숲을 함께 가꿔가는 데 주목했다. 앞으로 경제의 지속가능성은 인문·생명 회복 경제와 직결된다. 선진국 경제의 회복력을 휴머니즘이 추구하는 인간다움과 인간다운 사회를 구현할 인문 회복과 인문을 에워싸고 있는 자연·환경·기후의 생명 회복, 그리고 정상 궤도로의 균형 회복력으로써 점검했다.

문화사회 경제는 기술진보가 사람들의 문화사회적 삶과 활동에 어떤 가치와 품격을 더하게 되는지를 진단했다. 인간은 상호 교류하고 사회적 관계를 맺으며 의미 있는 삶과 행복을 추구하는 문화사회적 존재이다. 가치관이 혼동 속으로 빠지고 갈등이 심화되는 상황에서 문화와 예술은 인간과 공동체를 위로하고 포용하는 정신적 가치를 불어넣고 창의적인 환경을 조성한다. 최근 10년 동안 한국은 국제적으로 문화 소프트파워 선진국으로 부상했다. 국제사회에 K-문화가 매력적으로 확산되고 있다. 한국이 문화사회 경제의 지평을 넓히고 문화경제의 위상을 높이는 것은 국가 브랜드와 소프트 경쟁력을 고도화함으로써 선진국 경제로서 기술강국의 휴머니즘 경제로 품격을 높이게 될 것이다.

제1부 선진국의 길, 두터운 경제

1 femiwiki.com. 휴머니즘, 2023.

2 전광진, 『우리말 속뜻 논어』, 제12편, 속뜻사전교육출판사, 2021.

3 고재석·권경자·김동민·이천승·정병섭, 『우리들의 세상 논어로 보다』, 제1부, 성균관대학교 출판부, 2014.

4 이근식, www.pressian.com, 2011.

5 밀턴·로즈 프리드먼, 민병균·서재명·한홍순 옮김, 『선택할 자유(Free to Choose)』, 15-49, 자유기업원, 2022.

프리드리히 A. 하이에크, 김이석 옮김, 『노예의 길(The Road to Serfdom)』, 5-70, 자유기업원, 2018.

6 John Stuart Mill, *On Liberty*, London, 1859.

김요한, 『자유론』, 생각정거장, 2015.

프리드리히 A. 하이에크, 김이석 옮김, 『노예의 길(The Road to Serfdom)』, 5-70, 자유기업원, 2018.

밀턴·로즈 프리드먼, 민병균·서재명·한홍순 옮김, 『선택할 자유(Free to Choose)』, 15-49, 자유기업원, 2022.

7 Alfred Marshall, *Principles of Economics*, 1890. The Macmillan Company, New York, 1948.

8 신정근, 『맹자의 꿈』, 21세기북스, 2021.

스티븐 핑크, 김명남 옮김, 『우리 본성의 선한 천사』, 1-57, 사이언스북스, 2014.

9　애덤 스미스, 김광수 옮김, 『도덕감정론』, 한길사, 2016.

10　제러미 리프킨, 안진환 옮김, 『회복력 시대』, 17, 민음사, 2022.

11　스테파노 자마니·루이지노 부루니, 제현주 옮김, 『21세기 시민사회의 탄생 (Economia Civile)』, 4장, 북돋움, 2015.

12　Adam Smith, *An Inquiry into the Nature and Cause of the Wealth of Nations*, London: Ward, Lock & Co., 1776.

13　프리드리히 A. 하이에크, 김이석 옮김, 『노예의 길(The Road to Serfdom)』, 62, 자유 기업원, 2018.

14　John Stuart Mill, *On Liberty*, London, 1859.
　　김요한, 『자유론』, 47, 생각정거장, 2015.

15　John Stuart Mill, *On Liberty*, London, 1859.
　　김요한, 『자유론』, 124-125, 생각정거장, 2015.

16　John Stuart Mill, *On Liberty*, London, 1859.
　　김요한, 『자유론』, 45-47, 생각정거장, 2015.

17　제러미 리프킨, 이경남 옮김, 『공감의 시대(The Empathic Civilizatin)』, 민음사, 17, 2010.

18　스티븐 핑크, 김한경 옮김, 『지금 다시 계몽(Enlightment Now)』, 626, 사이언스북스, 2021.

19　제러미 리프킨, 안진환 옮김, 『회복력 시대』, 17, 민음사, 2022.

20　제러미 리프킨, 안진환 옮김, 『회복력 시대』, 민음사, 2022.
　　제러미 리프킨, 이경남 옮김, 『공감의 시대(The Empathic Civilizatin)』, 민음사, 2010.
　　스티븐 핑크, 김명남 옮김, 『우리 본성의 선한 천사』, 970-981, 사이언스북스, 2014.

21　제러미 리프킨, 안진환 옮김, 『회복력 시대』, 17, 민음사, 2022.
　　제러미 리프킨, 이경남 옮김, 『공감의 시대(The Empathic Civilization)』, 민음사, 2010.

김진석, 시사IN, 2010.10.13.

22 세계도시동향, 제420호, 서울연구원, 2017.12.04.

제2부 지키고 다져야 할 한국 경제 소프트파워

1 김광수, 『국부론과 애덤 스미스의 융합학문』, 해남, 2019.

 제러미 리프킨, 이경남 옮김, 『공감의 시대(The Empathic Civilization)』, 민음사, 2010.

 스티븐 핑크, 김한경 옮김, 『지금 다시 계몽(Enlightment Now)』, 626, 사이언스북스, 2021.

2 신정근, 『마흔, 논어를 읽어야 할 시간』, 21세기북스, 2012.

 고재석 · 권경자 · 김동민 · 이천승 · 정병섭, 『우리들의 세상 논어로 보다』, 제2부, 성균관대학교 출판부, 2014.

3 신정근, 『1일 1수, 대학에서 인생의 한 수를 배우다』, 21세기북스, 2강, 2021.

4 유발 하라리, 조현욱 옮김, 『사피엔스(Sapiens)』, 김영사, 2015.

5 대유학당, 『손에 잡히는 논어』, 대유학당, 2009.

6 정승환, 「청암 박태준 10주기, 다시 돌아본 리더십」, [스페셜 리포트], 《매일경제》 2023.3.9.

7 신정근, 『맹자의 꿈』, 6강, 21세기북스, 2021.

8 삼성경제연구소, 『호암의 경영철학』, 중앙M&B, 1988.

9 대유학당, 『손에 잡히는 논어』, 대유학당, 2009.

제3부 미완성의 자본주의 윤리와 정신

1 김인규, 「플라톤의 지속 가능한 불평등과 한국」, 《계간 철학과현실》, 2016년 여름호, 114-116, 철학문화연구소, 2016.

 김준영, 『한국경제, 대전환의 기회』, 183-184, 매경출판, 2019.

2 애덤 스미스, 김광수 옮김, 『도덕감정론(The Theory of Moral Sentiments)』, 한길사, 2022.

   김광수, 『국부론과 애덤 스미스의 융합학문』, 해남, 2019.

3 Max Weber, *Die Protestantische Ethik und der Geist des Kapitalismus*(The Protestant Ethic and the Spirit of Capitalism), 1920.

4 강성화, 『베버 프로테스탄트 윤리와 자본주의 정신』, 서울대학교 철학사상연구소, 2006.

   [허연의 명저산책], 《매일경제》, blog naver com/Max Weber's The Protestant Ethic amd the Spirit.pdf.

5 최인호, 『상도』, 여백, 2000.

6 Dewey, The Public and Its Problems, in *The Later Works*, Vol. 2, 1972.

7 제러미 리프킨, 안진환 옮김, 『회복력 시대』, 17, 민음사, 2022.

8 중앙일보, 인터뷰, 27, 2018.10.20~21.

9 제러미 리프킨, 안진환 옮김, 『회복력 시대』, 민음사, 2022.

10 제러미 리프킨, 안진환 옮김, 『회복력 시대』, 민음사, 2022.

11 「택리지편」, 《韓文化硏究》, 제3집, 한국한자한문능력개발원, 2010.

제4부 한국 선진국 경제 가치관, 그리고 그 너머

1 애덤 스미스, 김광수 옮김, 『도덕감정론(The Theory of Moral Sentiments)』, 한길사, 2022.

   김광수, 『국부론과 애덤 스미스의 융합학문』, 468~472, 해남, 2019.

   스테파노 자마니·루이지노 부루니, 제현주 옮김, 『21세기 시민사회의 탄생(Economia Civile)』, 4장, 9장, 북돋움, 2015.

2 Mill, J.S., *Utilitarianism*, London: Parker, Son & Bourn, West Strand, p.14, 1863.

3 김광수, 『국부론과 애덤 스미스의 융합학문』, 106, 474~484, 해남, 2019.

애덤 스미스, 김광수 옮김, 『도덕감정론(The Theory of Moral Sentiments)』, 한길사, 2022.

스테파노 자마니·루이지노 부루니, 제현주 옮김, 『21세기 시민사회의 탄생(Economia Civile)』, 103-109, 북돋움, 2015.

4 Brickman, P. and D.T. Campbell, *Hedonic Relativism and Planning the Good Society*, in M.H. Appley(ed.), Adaptation Level Theory: A Symposium, New York: Academic Press, 287-304, 1971.

Easterlin, R.E., Does economic Growth Improve the Human Lot?, in P. David and M. Reder(ed.), *Nations and Houesholds in Economic Growth*, New York: Academic Press, 87-128, 1974.

Easterlin, R.E., The Economics of Happiness, *Daedalus*, Vol. 133, 26-35, 2004.

스테파노 자마니·루이지노 부루니, 제현주 옮김, 『21세기 시민사회의 탄생(Economia Civile), 9장, 북돋움, 2015.

5 스테파노 자마니·루이지노 부루니, 제현주 옮김, 『21세기 시민사회의 탄생(Economia Civile)』, 337-343, 북돋움, 2015.

6 김광수, 『국부론과 애덤 스미스의 융합학문』, 13장, 해남, 2019.

7 스테파노 자마니·루이지노 부루니, 제현주 옮김, 『21세기 시민사회의 탄생(Economia Civile)』, 334-346, 북돋움, 2015.

8 김준영, 『한국경제, 대전환의 기회』, 8장, 10장, 매경출판, 2019.

9 김준영, 『한국경제, 대전환의 기회』, 7장, 매경출판, 2019.

10 제러미 리프킨, 안진환 옮김, 『회복력 시대』, 356, 민음사, 2022.

제5부 기술 휴머니즘 경제, 인문가치를 접목하라

1 한스 블록·모리츠 리제비크, 강민경 옮김, 『두 번째 인류』, 흐름출판, 2002.

김슬기, [Books], 《중앙일보》, 2002.7.1.

2 김정욱·박봉권·노영우·임성현, 『2016 다보스 리포트』, PART 01, 매경출판,

2016.

3   재레드 다이아몬드, "대격변의 시대", 성균관대학교 컨퍼런스, 2022.1.15.

4   클라이브 폰팅, 『진보와 야만(Progress & Barbarism)』, [허연의 책과 지성], 《매일경제》, 2003.7.

5   재레드 다이아몬드, "대격변의 시대", 성균관대학교 컨퍼런스, 2022.1.15.

6   재레드 다이아몬드, 강주현 옮김, 『대변동(UPHEAVAL)』, 6, 김영사, 2019.

Annas, J., Epicurus on Pleasure and Happiness, *Philosophical Topics*, Vol. 15, 1987.

Becker, J., Adam Smith's Theory of Social Science, *Southern Economic Journal*, Vol. 28, 1961.

Berry, C.J., M. Paganelli and C. Smith(eds.), *The Oxford Handbook of Adam Smith*, Oxford: Oxford University Press, 2013.

Bloomfield, P.(edt.), *Morality and Self-interest*, Oxford University Press, 2008.

Boaz, D., *The Libertarian Mind*, New York: Simon & Schuster, 2015.

Broadie, A., Sympathy and the Impartial Spectator, in K. Haakonssen(ed.), *The Cambridge Companion to Adam Smith*, Cambridge: Cambridge University Press, 2006.

Bruni, L., *Civil Happiness: Economics and Human Flourishing in Historical Perspective*, New York: Routledge, 2006.

Brickman, P. and D.T. Campbell, *Hedonic Relativism and Planning the Good Society*, in M.H. Appley(ed.), Adaptation Level Theory: A Symposium, New York: Academic Press, 287-304, 1971.

Clark, H., Adam Smith and Neo-Darwinian Debate over Sympathy, Strong reciprocity and Reputation Effect, *Journal of Scottish Philosophy*, Vol. 7(1), 2009.

Desmond Matthew, *Poverty, By America*, Crown, New York, 2023.

Dewey, *The Public and Its Problems*, in The Later Works, Vol. 2., 1972.

Drosos, D., Adam Smith and Karl Marx, *History of Economic Ideas*, Vol. 4, 1996.

Easterlin, R.E., Does economic Growth Improve the Human Lot?, in P. David and M. Reder(ed.), *Nations and Houesholds in Economic Growth*, New York: Academic Press, 87–128, 1974.

Easterlin, R.E., The Economics of Happiness, *Daedalus*, Vol. 133, 26–35, 2004.

Endres, A.M., Adam Smith's Rhetoric of Economics, *Scottish Journal of political Economy*, Vol. 38, 1991.

Evensky, J.M., *Adam Smith's Moral Philosophy: A Historical and Contemporary Perspective on markets, Law, and Culture*, Cambridge: Cambridge University Press, 2005.

Fleischacker, S., *Adam Smith's Moral and Political Philosophy, The Stanford Encyclopedia* (Spring 2017 Edition), Edward N. Jalta(ed.,), 2017.

Frey, B. and A. Stutzer, *Happiness and Economics*, Princeton: Princeton University Press, 2001.

Friedman, Milton, *Capitalism and Freedom*, Chicago, University of Chicago Press, 1962.

Freedman, Milton, and Rose D. Friedman, *Free to Choose*, Houghton Mifflin Harcourt Publishing Company, 1980.

Griswold, C.L., *Adam Smith and the Virtues of Enlightenment*, Cambridge: Cambridge University Press, 1999.

Gui, B. and L. Stanca, happiness and Relational Goods: Well-being and Interpersonal Relations in the Economic Sphere, *International Review of Economics*, Vol. 57, 2010.

Hanley, R.P.(ed.), *Adam Smith: His Life, Thought, and Legacy*, Princeton: Princeton University Press, 2016.

Herzog, L., Adam Smith and Modern Ethics, in R.P. Hanley(ed.), *Adam Smith: His*

Life, Thought, and Legacy, Princeton: Princeton University Press, 2016.

Layard, R., *Happiness: Lessons from a New Science*, London: Penguin Books, 2005.

Malthus, T., *An Essay on the Principle of Population*, London: Macmillan, 1798, 1998.

Marshall, Alfred, *Principles of Economics*, 1980. The Macmillan Company, New York, 1948.

Mill, John Stuart, *Principles of Political Economy*, D. Appleton and Company, New York, 1895.

Nelson, R. and S.G. Winter, *An Evolutionary Theory of Economic Change*, Cambridge: The Belknap Press, 1982.

Nussbaum,M. and A. Sen, *The Quality of Life*, Oxford: Clarendon Press, 1993.

On Liberty, People's ed., London, Longmans, Green & Co., 1865.

Pinker, Steven, *The Better Angels of Our Nature*, Penguin Books, 2012.

Posner, R.A., *Economics of Justice*, Cambridge: Harvard University Press, 1981.

Rothschild, E., *Economic Sentiments: Adam Smith, Condorcet and the Enlightenment*, Cambridge: Harvard University Press, 2001.

Schumpeter, J.A., *Capitalism, Socialism, and Democracy*, New York, 1942.

Sen, A., Uses and Abuses of Adam Smith, *History of political Economy*, Vol. 43, 2011.

Smith, Adam, *The Theory of Moral Sentiments*, edited by D.D. Raphael and A. Macfie, Oxford: Clarendon Press, 1759.

Smith, Adam, *An Inquiry into the Nature and Cause of the Wealth of Nations*, edited by Edwin Cannan, 1776. London: Ward, Lock & Co., Warwick House, 1832.

Uyl, D. and D.B. Rasmussen, *Adam Smith: Economic Happiness*, Reason Paper, Vol. 32, 2010.

Weber, Max, *The Theory of Social and Economic Organization*, New York: Free Press, 1915, 1947.

Weber, Max, *Die Protestantische Ethik und der Geist des Kapitalismus*(The Protestant Ethic and the Spirit of Capitalism), 1920.

Wight, J., The Treatment of Smith's Invisible Hand, *Jouranl of Economic Education*, Vol. 38, 2007.

Williams, R.J., *Free and Unequal: The Biological Basis of Individual Liberty*, Indianapolis, 1979.

Young, T., *Economics as a Moral Science: the Political Economy of Adam Smith*, Cheilenham: Edward Elgar, 1997.

Zywicki, T., The Rule of Law, Freedom, and Prosperity, in *Supreme Court Economic Review*, Vol. 10, 2003.

김광수, 「애덤 스미스의 법과 경제: 행동경제학: 행동법학적 관점을 중심으로」, 《국제경제연구》, 제18권 제4호, 한국국제경제학회, 2012.

김광수, 『국부론과 애덤 스미스의 융합학문』, 해남, 2019.

김상용, 『자연법론과 법정책』, 피애씨미디어, 2015.

김요한, 『자유론』, 생각정거장, 2015.

김준영, 「소득 양극화: 소득 불평등과 균형성장」, 국회경제정책포럼, 2015.

김준영, 『한국경제, 대전환의 기회』, 매경출판, 2019.

로스버드, M., 권기봉 외 3인 옮김, 『새로운 자유를 찾아서(For a New liberty)』, 한국문화사, 2013.

로스버드, M., 전용덕·이승모 옮김, 『자유의 윤리(Ethics of Liberty)』, 피앤씨미디어, 2016.

몽테스키외, 하재홍 옮김, 『법의 정신(L'Espirit des Lois)』, 동서문화사, 2016.

밀턴·로즈 프리드먼, 민병균·서재명·한홍순 옮김, 『선택할 자유(Free to Choose)』, 자유기업원, 2022.

박세일, 『아담 스미스의 도덕철학 체계, 아담 스미스 연구』, 민음사, 1989.

빙햄 T., 김기창 옮김,『법의 지배(The Rule of Law)』, 이음, 2013.

부루니, 강태훈 옮김, 행복의 역설』, 경문사, 2015.

서정욱,『칸트의 순수이성비판 읽기, 세창미디어, 2012.

센 A., 김원기 옮김,『자유로서의 발전(Development as Freedom)』, 갈라파고스, 2013.

신정근,『맹자의 꿈』, 21세기북스, 2021.

신정근,『마흔, 논어를 읽어야 할 시간』, 21세기북스, 2012.

신정근,『1일 1수, 대학에서 인생의 한 수를 배우다』, 21세기북스, 2020.

존 로크, 남경태 옮김,『시민정부론』, 효형출판, 2012.

존 스튜어트 밀, 최요한 옮김,『자유론(On Liberty)』, 홍신문화사, 2011.

스테파노 자마니 · 루이지노 부루니, 제현주 옮김,『21세기 시민사회의 탄생(Economia
    Civile)』, 북돋움, 2015.

스티븐 핑크, 김한경 옮김,『지금 다시 계몽(Enlightenment Now)』, 사이언스북스, 2021.

스티븐 핑크, 김명남 옮김,『우리 본성의 선한 천사』, 사이언스북스, 2014.

아리스토텔레스, 강상진 외 옮김,『니코마스 윤리학』, 도서출판 길, 2011.

아리스토텔레스, 김재홍 옮김,『정치학』, 2017.

에피쿠로스, 조정욱 엮음,『쾌락의 철학, 동천사, 1997.

애덤 스미스, 김광수 옮김,『도덕감정론(The Theory of Moral Sentiments)』, 한길사,
    2022.

유발 하라리, 조현욱 옮김,『사피엔스(Sapiens)』, 김영사, 2015.

유발 하라리, 김명주 옮김,『호모데우스』, 김영사, 2015.

이돈희 편,『존 듀이: 교육론』, 서울대학교 출판부, 1992.

장대익,『울트라 소셜: 사피엔스에 새겨진 '초사회성'의 비밀』, 휴머니스트, 2018.

전주희, 이종현 외,『국가를 생각한다』, 나름북스, 2018.

재레드 다이아몬드, 강주현 옮김,『대변동(UPHEAVAL)』, 김영사, 2019.

제러미 리프킨, 안진환 옮김,『회복력 시대』, 민음사, 2022.

제러미 리프킨, 이경남 옮김,『공감의 시대(The Empathic Civilization)』, 민음사, 2010.

페티, Ph., 박준혁 옮김,『신공화주의(Republicanism)』, 나남, 2012.

편상범, 「아리스토텔레스 윤리학에서 행복, 욕구 만족, 그리고 합리성」, 《철학사상》, 제 58호, 서울대학교 철학사상연구소, 2015.

프리드리히 A. 하이에크, 김균 옮김, 『자유헌정론(The Constitutional of Liberty) I, II』, 자 유기업원, 1996.

프리드리히 A. 하이에크, 김이석 옮김, 『노예의 길(The Road to Serfdom)』, 자유기업원, 2018.

플라톤, 이환 옮김, 『국가론』, 돋을새김, 2014.

황경식, 『정의론과 덕윤리』, 아카넷, 2015.

현승윤, 『보수·진보의 논쟁을 넘어서』, 삼성경제연구소, 2005.

KI신서 11257
선진국 경제의 품격

1판 1쇄 인쇄 2023년 11월 15일
1판 1쇄 발행 2023년 11월 24일

지은이 김준영
펴낸이 김영곤
펴낸곳 (주)북이십일 21세기북스

콘텐츠개발본부이사 정지은
인생명강팀장 윤서진 **인생명강팀** 최은아 강혜지 황보주향 심세미
디자인 푸른나무디자인
출판마케팅영업본부장 한충희
마케팅2팀 나은경 정유진 박보미 백다희 이민재
출판영업팀 최명열 김다운 김도연
제작팀 이영민 권경민

출판등록 2000년 5월 6일 제406-2003-061호
주소 (10881) 경기도 파주시 회동길 201(문발동)
대표전화 031-955-2100 **팩스** 031-955-2151 **이메일** book21@book21.co.kr

ⓒ 김준영, 2023
ISBN 979-11-7117-212-2 03320

(주)북이십일 경계를 허무는 콘텐츠 리더

21세기북스 채널에서 도서 정보와 다양한 영상자료, 이벤트를 만나세요!

페이스북 facebook.com/jiinpill21   **포스트** post.naver.com/21c_editors
인스타그램 instagram.com/jiinpill21   **홈페이지** www.book21.com
유튜브 youtube.com/book21pub

서울대 **가**지 않아도 들을 수 있는 **명강**의! 〈서가명강〉
'서가명강'에서는 〈서가명강〉과 〈인생명강〉을 함께 만날 수 있습니다.
유튜브, 네이버, 팟캐스트에서 '서가명강'을 검색해보세요!